国家出版基金项目
NATIONAL PUBLICATION FOUNDATION

《尚書》學文獻集成·朝鮮卷

錢宗武 主編

18

鳳凰出版社

第十八册目録

[一] 今按：原本作『洪範羽翼卷之二十二』，誤。

《尚書》學文獻集成・朝鮮卷　第十八册

洪範羽翼

禹汝楙　著

王春華
傅永聚　整理
馬士遠

卷之十二

貌曰恭

貌曰恭。魯有恭士，曰機汜，行年七十，其恭益甚。冬日行陰，夏日行陽，常恐斧質之加於身者。《新序》。

『允恭』帝堯。『温恭』帝舜。『懿恭文王。』《無逸》。『恭己正南面而已矣。』舜。『作周恭先。』《洛誥》。『愿而恭』《皋陶謨》。『同寅協恭。』『接下思恭。』《太甲》。『唯恭行天之罰。』《泰誓》〔一〕。『恭天成命。』《武成》。『肅恭神人。』《微子之命》。『厥棐有恭。』《酒誥》。『惟夏之恭。』《多士》《多方》。『惟爾令德孝恭。』《君陳》。『象恭。』共工。『足恭，左丘明耻之，丘亦耻之。』《論》。『敢恭生生。』《盤庚》。『惟恭奉幣。』《召誥》。

〔一〕今按：『泰誓』，《十三經注疏》本作『甘誓』或『誓』。

『温温恭人，如集于木。』《小宛》。『温温恭人，維德之基。』《抑》。『賓之初筵，温温其恭。』《禮》：言恭，謙也者。致恭以存其位者也。《繫辭》。

《表記》：子曰：『恭近禮。恭寡暴〔一〕。』

『夫子温、良、恭、儉、讓以得之。』注：恭，莊敬也。子貢。『恭近於禮，遠耻辱也。』有子。恭，致敬也。子謂子産有君子之道四焉：『其行己也恭。』恭，謙遜也。『子恭而安，恭而無禮則勞。』『樊遲問仁。子曰：「居處恭，執事敬。雖之夷狄，不可棄也。」』君子有九思：『貌思恭。』陳子禽謂子貢曰：『子爲恭也，仲尼豈賢於子乎？』《論》。

是故賢君必恭儉禮下。恭者不侮人。侮奪人之君，惡得爲恭儉？恭儉豈可以聲音笑侮爲哉？恭敬之心，禮也。恭者，敬之發於外者也。敬者，恭之主於中者也。恭敬者，幣之未將者也。恭敬而無實，君子不可虚拘。《孟》。

『是故君子篤恭而天下平。』篤恭，言不顯其敬也。《中庸》。

責難於君謂之恭。《孟》。『恭儉惟德，無載爾僞。』《書》。子夏曰：『君子與人恭而有禮。』

〔一〕　今按：『暴』，《十三經注疏》本作『過』。

《宣二》：宣子驟諫，公使鉏麑賊之。晨往，寢門闢矣。盛服將朝。尚早，坐而假寐，麑退而嘆曰：『不忘恭敬，民之主也。』觸槐而死。

《昭七》：孟僖子曰：『及正考父三命，兹益恭。故其鼎銘云：「一命而僂，再命而傴，三命而俯，循墻而走，亦莫余敢侮。饘於是，粥於是，以餬余口。」』其恭也如是。

《文十三》：秋，七月。大室之屋壞，書不恭也。

燕陽鷟之恭，唐賈耽之恭。燕陽鷟歷事四朝，年耆望重，謙恭謹厚，過於少時。興元元年，以賈耽爲工部尚書。耽爲山南東道節度使，使行軍司馬樊澤奏事行在。澤既復命，方大宴。有急牒至，以澤代耽。耽納牒懷中，顏色不改。宴罷，召澤告之，且命將吏謁澤，即夕離鎮，軍部遂安。書法，此其書何？美耽也。代、德以來，方鎮跋扈，未有恭順如耽者也。故特書之。

《表記》：『君子慎以避禍，篤以不掩，恭以遠耻。』

呂氏曰：『慎、篤、恭三者，皆行之敬也。慎其行則寡過，况於禍乎！』暴虎馮河，死而無悔，不慎而取禍者也。篤其行則誠。著何事於掩乎間？居不善，無所不至，不篤而好掩者也。恭其行則人敬，何事於耻乎？侮人者，人亦侮之，不恭而近耻者也。

反

《書》：『蠢兹有苗，昏迷不恭。』不恭，不敬也。《大禹謨》。左恭〔一〕於左，汝不恭命；右不恭於右，汝不恭命；御非其馬之正，汝不恭命。《甘誓》。不吉不迪，顛越不恭。《盤庚》。于弟不念天顯，乃不克恭厥兄。《康誥》。大不克恭上下，遏人前人光。《君奭》。

侮奪人之君，惡得爲恭儉？恭儉豈可以聲音笑貌爲哉？《孟》。

敬

隆山李氏曰：『《坤》畫－－，虛則生敬，故《坤》六二言敬。』字始於包羲心畫，而實天地自然之理也。肅也，恭也。

《易·坤》：六二，《文言》：『敬以直內。』《需》：上六，『敬之終吉。』《觀》：『盥而不薦，

〔一〕今按：『恭』，《十三經注疏》本作『攻』。

有孚顒若。』『下觀而化也。』

進齋徐氏曰：『舜恭己正南面而天下自治，文王不大聲以色，而萬邦作孚。』《記》：『至敬無文。』止於敬。

『欽明文思。』《堯典》。『温恭允塞。』《舜典》。『祗台德先，不距朕行。』《禹貢》。

『湯降不遲，聖敬日躋。』《詩》。『穆穆文王於緝熙敬止。』

真德秀曰：『敬者，一心之主宰，萬善之本原。』聖人之敬，純亦不已，即天也。君子之敬，自强不息，由人而天也。日躋者，進進不已之意。緝熙者，續續無窮之功。

《曲禮》：『毋不敬，安民哉。』吕大臨曰：『毋不敬者，正其心也。』

真德秀曰：『「毋不敬」者，身心内外不可使有一毫之不敬也。』《表記》：『莊敬日强。』

程頤曰：『纔撿束則日就規矩。』〔一〕

真德秀曰：『人君處宫壼之邃，極貴富之奉，倘非以莊敬自持，凛然肅然，如對神明，如臨師傅。其不流於放蕩者，幾希。』

子路問君子。子曰：『修己以敬。』

〔一〕 今按：『纔撿』文淵閣四庫全書作『自檢』。

真德秀曰：『自堯舜以來，世相傳授，惟此一敬。禹之征苗，曰「昏迷不恭」。啓之征有扈，曰「威侮五行」。武之數紂，曰「怠忽不敬」。謂敬不足行。』聖惡之分，敬不敬而已。『子思作《中庸》曰：『篤恭而天下平。』程頤推明之曰：『上下一於恭敬，則天地自位，萬物自育，氣無不和，而四靈畢至，聰明睿智，皆由此出。』以上論修己之敬。

真德秀曰：『自漢以來，世之諸儒，未有深知敬之爲義者，惟程頤有曰：「主一之謂敬，無適之謂一。」而朱熹又爲之箴，曰「正其衣冠，尊其瞻視。潜心以居，對越上帝。足容必重，手容必恭，擇地而蹈，折旋蟻封。出門如宿，承事如祭。戰戰兢兢，罔敢或易。守口如瓶，防意如城。洞洞屬屬，罔敢或輕。不東以西，不南以北。當事而存，靡他其適。無適。不貳以二，不叄以三。惟精惟一，萬變是監。主一。從事於斯，是曰持敬。動静不違，表裏交正。須臾有間，私欲萬端。不火而熱，不冰而寒。毫釐有差，天壤易處。三綱既淪，九法亦斁。嗚呼小子，念哉敬哉！墨卿司戒，敢告靈臺。」《書》：「在璿璣玉衡以齊七政。天叙有典，勑我五典五惇哉！天秩有禮，自我五禮五庸哉！同寅協恭，和衷哉！天聰明，自我民聰明。天明畏，自我民明畏。達于上下，敬哉有土。」』

真德秀曰：『寅與恭，皆敬也。君臣一心，恪奉天職，是之謂和衷。天人一理，通達無間。有民社者，其可不敬乎！』伊尹曰：『惟天無親，克敬惟親。』『先王惟時懋敬厥德。』《太甲》。『嗚呼！曷其奈何不敬！王其疾敬德。王敬作所。不可不敬德。惟不敬厥德，乃早墜厥命。肆惟王其疾其德。』《召誥》。『敬之敬之，天惟顯思，命不易哉！』

真德秀曰：『帝王所當尊者莫如天。所當從事者莫如敬。』當時群臣之學，以格心爲主。『敬天之怒，無敢戲豫；敬天之渝，無敢馳驅。』《板》。以上論事天之敬。

『予臨兆民，凛乎若朽索之馭六馬，爲人上者，奈何不敬？』以上論臨民之敬。

『乃命羲和，欽若昊天，曆象日月星辰，敬授人時。』農功之時。

真德秀曰：『敬之見於經者始此，曰寅賓出日，曰寅餞納日，蓋於日之出入，必敬候之也。咨，鯀治水曰欽哉！釐降二女曰欽哉！此堯之敬見於事者也。於恤刑於敷教，不曰欽，則曰寅。於典禮於咨牧，不曰寅，則曰敬。此舜之敬見於事者也。』以上論治事之敬。

《高宗肜日》：『越有一鷄。祖己曰：「王司敬民，罔非天胤，典祀無豐於昵。」』『太茂。毫有祥，桑穀共生於朝。』『嚴恭寅畏，天命自度。』《無逸》。《雲漢》，仍叔美宣王也。『敬恭明神，宜無悔怒。』以上論遇災之敬。

《曲禮》：『賢者狎而敬之。』

《論語》：『晏平仲久而敬之。子産有君子之道，其事上也敬。樊遲問仁。子曰：「執事敬。雖之夷狄，不可棄也。」道千乘之國，敬事而信。』『敬者，主一無適之謂。敬事而信者，敬其事而信於民也。』『事君，敬其事而後其食。』《中庸》：『故君子不動而敬。』《大學》：『爲人臣止於敬。』《孟子》：『故齊人莫如我敬王也。陳善閉邪謂之敬。禮人不答，反其敬。恭敬之心，禮也。恭敬者，幣之未將者也。恭敬而無實，君子不可虚拘。』《易・離》：『初九，履錯然，敬之無咎。』《象》：『履錯之敬，以避咎也。』《書・伊訓》：『今王立敬惟長。』孔子曰：『立敬自長始，教民順也。』子夏曰：『君子敬而無失。』孔子曰：『君子有九思：事思敬。』子張曰：『士祭思敬，其可已矣。』臼季使過冀，見冀缺耨。其妻饁之。敬，相待如賓，與之歸。言諸文公，曰：『敬，德之聚也。能敬必有德，德以治民。君請用之。臣聞之，出門如賓，承事如祭，仁之則也。』文公以爲下軍大夫。《左傳》。

《昭三》：鄭伯如晋，公孫段相，甚敬而卑，禮無違者。

《昭三》：季武子曰：『志曰：「能敬無灾。」又曰：「敬逆來者，天所福也。」』

反

荀卿：『凡百事之成也，必在敬之。其敗也，必在慢之。』

《書·多方》：『不克敬于和。』

《左·成公三年》：郤錡來乞師，將事不敬。孟獻子曰：『郤氏其亡乎！禮，身之幹也。敬，身之基也。郤子無基。』十七年〔一〕，晋殺郤錡。公會晋侯伐秦。成子受脤于社，不敬。脤，宜社之肉。

《劉子》曰：『君子勤禮，小人盡力。勤禮莫如致敬，盡力莫如敦篤。敬在養神，篤在守業。國之大事，在祀與戎。祀有執膰，戎有受脤，神之大節也。今成子墮，棄其命矣，其不反乎？』成子卒於瑕。』十四，衛侯享苦成叔，苦成叔傲。郤犨。甯惠子曰：『苦成家其亡乎！古之爲享食也，以觀威仪省禍福也。今夫子傲，取禍之道也。』《襄十》：會于相。齊高厚相太子光，會諸侯於鍾離，不敬。士莊子曰：『將社稷是衛，而皆不敬，棄社稷也，其將不免

〔一〕今按：『左·成公三年』『十七年』，《十三經注疏》本分别作『左·成公十三年』『十三年』。

乎！』十九，齊殺高厚。廿五，弑其君光。《宣十五》：晋侯使趙同。獻狄俘於周，不敬。劉康公曰：『不及十年，厚叔〔一〕必有大咎，天奪之魄矣。』《成公八年》。晋殺趙同。

晋侯不敬，二侯不敬。《成四》：公如晋。晋侯見公不敬，季文子曰：『晋侯必不免。《詩》曰：「敬之敬之，天維顯思。命不易哉！」夫晋侯之命在諸侯矣，可不敬乎？』受天命在得諸侯，而爲伯矣。《襄廿一》會於商任，錮欒氏也。齊侯、衛侯不敬。叔向曰：『二君者必不免。會朝，禮之經也。禮，政之輿也。政，身之守也。怠禮失政，失政不立，是以亂也。』《廿五》齊弑光。《廿六》衛弑剽。

鄭伯不敬，伯有不敬。廿八，蔡侯入於鄭，鄭侯享之，不敬。子産曰：『蔡侯其不免乎？日其過此也。君使子展往勞於東門之外，而傲。吾曰：「猶將更之。」今還，受享而惰，乃其心也。不敬乃出其中心。君小國事大國，而傲惰以爲己心，將得死乎？若不免，必由其子。』卅年太子班弑君。廿八，公過鄭，鄭伯不在。在楚。伯有迋勞於黄崖，不敬。穆叔曰：『伯有無戾於鄭，鄭必大有咎。敬，民之主也，而棄之，何以承守？承先祖，守其家。鄭人不討，必守其辜。濟澤之阿，薄土。行潦之蘋藻，置諸宗室，季蘭尸之，敬也。』敬可棄乎？服蘭之女

〔一〕今按：『厚叔』，《十三經注疏》本作『原叔』。

爲之主。《襄廿七》：『叔孫與慶封食，不敬。爲賦《相鼠》，亦不知也。』『人而無儀，不死何爲？』《曲禮》：『傲不可長。』應氏曰：『敬之反爲傲。』

《表記》：『子曰：「齊戒以事鬼神，擇日月以見君，恐民之不敬也。」』事鬼神則致敬於幽者也，故主齊戒。見君則致敬於明者也，故主擇日月。

《表記》：『子曰：君子莊敬日强，安肆日偷。君子不以一日使其躬儳焉，如不終日。』應氏曰：『儳者參錯不齊之貌，心無所撿束〔一〕而紛紜雜亂，遂至儳焉錯出，外既散亂而不整，則内亦拘束而不安。故不能終日也。』名主一以直内，而心廣體胖，何至於如不終日乎？

存省

《表記》：子言之『歸乎！即氏。君子隱而顯。示。』

《中庸》所謂『潛雖伏矣，亦孔之昭』是也。『不矜而莊，不厲而威，不言而信。』所謂『不

〔一〕今按：『撿束』，四庫全書本（楊慎）《升庵集》作『檢束』。

動而敬，不言而信』是也。

《詩》：『雍雍在宫，肅肅在廟。不顯亦臨，無射亦保。』持守之功，未嘗斯須廢也。真德秀。

『相在爾室，尚不愧於屋漏。無曰不顯，莫予云覯。』《抑》。子思作《中庸》，推明其説。

真西山曰：『夫微之顯，誠之不可掩也。』道也者，不可須臾離也，可離非道也。故君子戒慎乎其所不睹，恐懼乎其所不聞。莫見乎隱，莫顯乎微。故君子慎其獨也。朱子曰：『君子之心常存敬畏，雖不見聞，亦不敢忽，所以存天理之本然，而不使離於須臾之頃也。君子既常戒懼，而於此尤不敢忽焉〔一〕，所以遏人欲於將萌，而不使其潛滋暗長於隱微之中，以至離道之遠也。』《詩》曰：『潛雖伏矣，亦恐之昭。』故君子内省不疚。無惡於志，猶言無愧於心。《詩》曰：『相在爾室，尚不愧於屋漏。』故君子不動而敬，不言而信。

真西山曰：『處幽如顯，處獨如衆，反之於己，無疾惡焉。静而常敬，默而常信，不待動作語言而後見也。』雲峰胡氏曰：『首章先戒懼，而後慎獨，由静時工夫説到吾心方動之幾。此章先慎獨而後戒懼，由動時工夫説到吾心至静之極。』《樂記》：『致樂以治心，則易直子

〔一〕今按：『而於此尤不敢忽焉』，中華書局《四書章句集注》作『而於此尤加謹焉』。

諒之心油然生矣。易直子諒之心生則樂，樂則安，安則久，久則天，天則神。致治〔一〕以致躬，則莊敬，莊敬則嚴威。』

西山曰：『古之君子以禮樂爲治身心之本。』『禮以順之於外，樂以和之於中，表裏交養之功。』《樂記》：『君子奸聲亂色，不留聰明。淫樂慝禮，不接心術。惰慢邪僻之氣，不設於身體。』

西山曰：『內無聲色之誘，則內亦正矣。內無淫慝之惑，則外亦正矣。惰慢之氣自內出者也，邪僻之氣自外入者也。』

《孟》：『夜氣不足以存，則其違禽獸不遠矣。苟得其養，無物不長；苟失其養，無物不消。』孔子曰：『操則存，舍則亡。出入無時，莫知其鄉。惟心之謂與。』程子曰：『心豈有出入，亦以操舍而言耳。操之之道，敬以直內而已。』

西山《夜氣箴》：『盍觀夫冬之爲氣乎，木歸其根，蟄坯其封，凝然寂然，不見兆朕。而造化發育之功，實胚胎乎其中。蓋闔者，闢之基正者元之本，而艮所以爲物之始終。夫一晝一夜者三百六旬之積，故冬爲四時之夜，而夜乃一日之終。天壤之間，群物俱闃，窈乎如

〔一〕今按：『致治』，《十三經注疏》本作『禮』。

未判之洪蒙。惟人之身嚮晦宴息。亦當以造化而爲宗，必齊其心，必肅其躬，不敢弛然自放於牀笫之上，使慢易非僻得以賊吾之衷。雖終日乾乾，靡容一息之間斷，而昏冥易忽之際，尤當致戒懼之功。蓋安其身，所以爲朝聽晝訪之也。而夜氣深厚，則仁義之心亦浩乎其不窮。本既立矣，而又致察於事物周旋之頃，放義夾持動静交養，則人欲無隙之可入，天理皦乎其昭融。』

《孟》：『學問之道無他，求其放心而已矣。』

西山曰：『人君以一心而受衆攻，尤以易放其可以不知求乎。求之匪他，以敬自持，而一念不敢肆而已。』

《孟》：『無惑乎王之不智也。雖有天下易生之物也，一日暴之，十日寒之，未有能生者也。吾見亦罕矣，吾退而寒之者至矣，吾如有萌焉何哉！今夫奕〔一〕之爲數，小數也；不專心致志，則不得也。』

西山真氏曰：『人主之心，養之以理義則明；蔽之以物欲則昏。』南軒張氏曰：『古之明君懼一暴十寒之爲害也，則博求賢才，置諸左右，朝夕與處而遠佞人，所以養德也。豈獨

〔一〕今按：『奕』，《十三經注疏》本作『弈』。

人君爲然，一暴十寒之病，爲士者其可一日而獨不念乎！然其要，則在乎專心致志而已。專心致志，學之大方，居敬之道也。』孟子曰：『養心莫先於寡欲。』周敦頤曰：『「聖可學乎？」曰：「可有要乎？」曰：「一爲要。一者，無欲也。」無欲則静虚動直，静虚則明，明則通。動直則公。公則溥。明通公溥，庶矣乎！」』

敬戒

《西銘》林駉。一書理義奥閫，發前聖未發之藴，啓人心未啓之機。渾渾乎無所名，恢恢乎無所不及。範圍不可得而過，形器不可得而摯。伊川不以性善養氣者稱，則以原道宗祖者言。明道不以達得天德者語，則以極醇無雜者言。且乾稱父，坤稱母，此西銘之純乎孝。或謂申生恭，而未免陷父於惡，而乃取而儕諸大舜之底豫，而遂疑其駁。不知横渠之意非謂大舜之孝果與申生同也。特以明事天者，夭壽不貳而修身以俟命耳。夫何疑？

民吾同胞，物吾與也。此西銘之純乎仁。或謂孟子親親仁民，自有次第，而乃合而歸諸大君之長幼，而遂惑其泛，不知横渠之意非謂大君之心，果愛無差等也。特以示聖人之心，一視同仁，而能稱物以平施。夫何惑？嗚呼！知西銘者，以《西銘》之言爲當。病《西銘》者，以《西銘》之言爲過。龜山曰：『言體而不及用，有平施而無稱物。』见上。鮑若雨何人而亦非之，劉安節何人而亦議之。甲可乙否，互相矛盾。鮑若雨向嘗疑也。及聞伊川以管窺天之喻，則皤然而改。劉安節向嘗疑也，及聞伊川造道有得之言，則頓然而覺。楊龜山向嘗疑也，及聞伊川理一分殊之語，則判然冰釋。嗟夫！人疑先天《易》爲考數之書，得陳瑩中之言而悟。世疑《太極圖》加無極之妄，得朱晦庵之言而釋。《箴銘》，黄履翁：古者以《箴銘》爲防過之本，後世以《箴銘》爲文過之具。甚矣，人主之不可日日無畏心也。聲色嗜欲易得，以昏此心。沉湎游逸易得，以怠此心。便嬖使令易得，以惑此心。諛佞奸謟易得，以柔此心。聖人知其然也，存誠於出入起居之間，寓戒於飲食沐浴之頃。

天命可敬歟？民心難保歟？君子小人之或進或退歟？天理人欲之或消或長歟？夫湯之『懋敬厥德』若無假於銘也，而《盤之銘》且曰：『苟日新，日日新。』苟之爲言，進德之要領，日之爲言，進德之功用，此盤愈潔而此德愈新。武之不役耳目，亦無假於銘也。而《觴之銘》且曰：『樂極則悲，沉湎致非。』悲之爲言，戒樂心之無益。非之爲言，戒私欲之爲害。此觴常存，而此念愈謹。非不知銘諸物而不若銘諸心也。形於言而不若形於行也。後世：長夜之屏，成帝之美意也。然後宫之寵，荒淫無度，其視商紂特五十步矣！

《無逸之圖》，玄宗之盛心也。然山水之筆，轉移不常，其視成王不啻天淵矣。連屏五十種，憲宗丹扆六箴。敬宗之念非不勤，而晚節用人何如耶。敬宗之志非不鋭，而溺志邪説何如耶。國朝。《中庸》有圖，發揮《九經》，欹器有論，講明至戒。真宗《盤杅之銘》在是也。

『《無逸》一篇，列考講圖，前代遺迹，寫在鑒圖。』仁宗几杖之戒在是也。不特此也。《書·洪範》之語於座屏。英宗。書孟子之言於屏幛。是屏也，示不忘三德御臣之意。是屏也，示不忘講究治道之語。高宗。《無逸之圖》設於殿壁，是燕息之地，亦不替艱難之訓。紹興。《敬天之圖》，列於經幄，是出入之際，常不愆敬畏之戒。孝宗。今日寫《無逸之圖》，成王之勤也，述旨酒之箴，大禹之儉也。

湯之《盤銘》曰：『苟日新，日日新，又日新。』《揚子》：或問銘。曰：『銘哉！銘哉！有意於慎也。』《讒鼎之銘》曰：『昧旦丕顯，後世猶怠。』注：夙興以務大顯，後世猶解怠。《祭統》：『夫鼎有銘。銘者自名也。自名以稱揚其先祖之美，以〔一〕明著之後世者也。爲先祖者，莫不有美焉，莫不有惡焉。銘之義，稱美而不稱惡。此孝子慈孫之心也，惟賢者能之。』

〔一〕今按：『以』，《十三經注疏》本作『而』。

武王受《丹書》，於太公席之四端銘焉。《席銘》：『安樂必敬，無行可悔，一反一側，亦不可不志。殷鑒不遠，視爾所伐。』《鑒銘》：『見爾前，慮爾後。』《盤銘》：『與其溺於人也，寧溺於淵。諂人溺君。溺於淵猶可游，溺於人不可救也。』《楹銘》：『毋曰胡殘，其禍將然；毋曰胡害，其禍將大；毋曰胡傷，其禍將長。』《杖銘》：『於乎危於忽恚，於乎失道於嗜欲，於乎相忘於富貴。富貴奢淫，易忘矜畏。』《牖銘》：『隨天之時，以地之財。敬事皇天，敬以先時。』天生時，地生財。祀以報本，亦必先時。《劍銘》：『帶之以爲服，動必行德。行德則興，信〔一〕德則崩。』劍之爲服，以示威武。然德實威本，威乃德輔。《矛銘》：『造矛造矛，小間不忍，終身之羞。予一人所聞，以戒後世子孫。』

孔子觀周，入后稷之廟。右階之前，有金人焉，三緘其口，而銘其背，曰：『古之慎言人也。』戒之哉！無多言，多言多敗。無多事，多事多患。安樂必戒，無所行悔。所悔之事，不可復行。勿謂何傷，其禍將長。勿謂何害，其禍將大。勿聞不聞，神將伺人。焰焰不滅，炎炎若何。涓涓不壅，終爲江河。綿綿不絶，或成網羅。毫末不札，拔去。將尋斧柯。誠能慎之，

〔一〕今按：『信』，四庫全書作『倍』。

福之根也。曰是何傷，禍之門也。强梁者不得其死，好勝者必遇其敵。君子知天下之不可上也，故下之。知衆人之不可先也，故後之。温恭慎德，使人慕之。江海雖左，長於百川，以其卑也。天道無親，而下人，戒之哉！戒之哉！』孔子曰：『實而中，情而信。』

孔子觀於魯桓公之廟，有欹器焉。挹水而注之。中而正，滿而覆。虛則欹。孔子嘆曰：『吁！惡有不覆者哉？』子路曰：『敢問持滿有道乎？』孔子曰：『聰明睿智，守之以愚；功被天下，守之以讓；勇力振世，守之以怯；富有四海，守之以謙。所謂挹而損之之道也。』《家語》。

西山曰：『欹器，宥坐之器也。』『衛武公年數九十有五矣，猶箴儆於國。在輿有旅賁之規，位寧有官司之典，倚几有誦訓之諫，居寢有贄御之箴，臨事有瞽史之道，宴居有師工之誦。史不失書，矇不失誦，以訓御之，於是作懿戒。』《國語》。

唐穆宗問：『開元治道，何致而然？』宰相崔植對曰：『玄宗即位，宋璟手寫《無逸》，爲圖以獻，出入觀省。其後污暗，乃代以山水圖，不復觀省。願陛下以爲元龜，則天下幸甚。』

《左・襄廿二年》：鄭公孫黑肱有疾，歸邑於公。召室老、宗人立段，使黜官、薄祭。祭以特羊，殷以少牢。殷，盛祭。曰：『生於亂世，貴而能貧，民無求焉，可以後亡。生在敬戒，不在富也。』己巳，伯張卒。君子曰：『善戒。《詩》曰：「慎爾侯度，用戒不虞。」鄭伯張有焉。』

《襄公四年》：晉魏絳曰：『昔周辛甲之爲太史也，武王太史。命百官，官箴王闕。於《虞人之箴》曰：「芒芒禹迹，畫爲九州。經界〔一〕九道。民有寢廟，獸有茂草；各有攸處，德用不擾。在帝夷羿，冒于原獸，忘其國恤，而思其麀牡。武不可重，用不恢於夏家。獸臣司原，敢告僕夫。」《虞箴》如是，可不懲乎！』杜詩：『問俗九州箴。』扬雄曰：『箴莫善於虞箴。』

《昭公十二》：楚右尹子革曰：『昔穆王欲肆其心，周行天下。』『祭公謀父作《祈招》之詩。』『其詩曰：「祈招之愔愔，安和。式昭德音。思我王度，式如玉，式如金。形民之力，而無醉飽之心。國之用民隨其力，去過盈之心。」王揖而入，饋不食，寢不寐，數日不能自克，以及於難。仲尼曰：「古也有志，克己復禮，仁也。」楚靈王若能如是，豈其辱於乾溪？』

子曰：『危者安其位者也，亡者保其存者也，亂者有其治者也。是故君子安而不忘危，存而不忘亡，治而不忘亂，是以身安而國家可保也。《易》曰：「其亡，其亡，繫於苞桑。」』嵇

〔一〕今按：『界』，《十三經注疏》本作『啓』。

紹疏曰：『存不忘亡，《易》之善戒也。臣願陛下惠無忘金墉。去年趙王倫遷帝於金墉城。大司馬無忘潁上。去年齊王冏討倫於潁上。大將軍無忘黄橋。去年成都王穎討倫至黄橋。則禍亂之端〔一〕無由而兆矣。』

王猛疏曰：『謹以垂没之命，竊獻遺款。古先哲王知功業之不易，戰戰兢兢，如臨深谷。伏惟陛下，追蹤前聖。』

北魏崔光戒馮熙等曰：『物盛必衰，此天地之堂〔二〕理。』

唐太宗曰：『上畏皇天之鑒臨，下憚群臣之瞻仰。兢兢業業，猶恐不合天意，未副人望。』魏徵曰：『此誠致治之要。』太宗曰：『朕有二喜一懼：比年豐稔，斗米三錢，一喜也。北虜久服，邊備無虞，二喜也。治安則驕侈易生，驕侈則危亡立至，此一懼也。』魏徵曰：『鑒形莫如止水，鑒敗莫如亡國。』太宗曰：『治國如治病，病雖愈，尤宜將護。今中國萃安，四夷俱服。然朕日慎一日，惟懼不終。』魏徵曰：『内外治安，臣不以爲喜，惟喜陛下居安思危耳！』

〔一〕今按：『端』，中華書局《晋書·嵇紹傳》作『萌』。
〔二〕今按：『堂』，四部叢刊初編本《資治通鑒》作『常』。

寶曆元年，敬宗。浙西觀察使李德裕獻《丹扆六箴》，一曰《宵衣》，諷視朝稀晚；二曰《正服》，諷朝御乖異；三曰《罷獻》，諷徵求玩好；四曰納誨，諷侮弄讜言；五曰《辨邪》，諷信任群小；六曰《防微》，諷輕出游幸。

《納誨箴》：漢成騖舉箴曰：『流湎，浮鍾；魏叡侈汰，凌霄作宮。忠雖不忤，善亦不終〔一〕。以規爲瑱，是謂塞聰。』以箴規之言，塞耳也。書法，獻言不書，此其書何？予格君也。

齊王冏驕奢，擅權，孫惠書曰：『大名不可久荷，大功不可久任，大權不可久執，大威不可久居。』冏不惠辭。曹攄曰：『物禁太甚〔二〕。大王誠能居高慮危，褰裳去之，則斯善之善者也。』冏不聽。

西涼公暠戒諸子曰：『從政者當審慎賞罰，勿任愛憎，近忠正，遠佞諛，勿使左右竊弄威福。毁譽之來，當研覈真僞。聽訟折獄，必和顔任理，慎勿逆詐億。務廣咨詢，勿自專用。』漢獻帝時，政移曹氏，秘書監侍中荀悦作《申鑒》五篇奏之。

《中庸》：『是故君子戒慎乎其所不睹。』

〔一〕今按：『終』，四部叢刊初編本《資治通鑒》作『從』。
〔二〕今按：『甚』，四部叢刊初編本《資治通鑒·晋紀六·孝惠皇帝中之上》作『盛』。

《淮南子》：『百舍〔一〕重戒，禍乃不滋。』

襄州穀城縣城門外道傍石上，缺剥腹上有字，云：『磨梵韃，慎勿言。』是亦金人之流也。〔二〕浮休《間日集》。

杜甫詩：『祇看座右銘。』又：『秉德崔瑗銘。』

誠

《乾》畫一，實則誠。故《乾》九二言誠，誠字始於包羲心畫，而實天地自然之理也。隆山李氏。

誠。黄履翁：具於太極之渾淪，而極於天地之變化，始於夫婦之隱微，而著於鳶魚之飛躍，存於盛服之齊明，而格於鬼神之左右，是故真實無妄，純粹無僞，徹上徹下皆實理之所爲者，誠也。而一有所雜則妄矣。悠久不息，周流不已，自始至終皆實心之所爲者，誠也。而一有所間則息矣。天地之間，惟天爲至，實而無妄，冲漠無朕而萬物兼該，剛健常行

〔一〕今按：『舍』，諸子集成本《淮南子·人間訓》作『射』。

〔二〕今按：『上』『磨梵韃』，中華書局《南村輟耕録·磨兜韃》分别作『人』『磨兜韃』。

而一體不雜。是以一元之氣無古今，無寒暑，無風雨晦冥，萬古常運而未嘗有一息之停。天下之物，無洪纖，無巨細，無飛潛動植，萬古常生而未嘗有一物之差。《詩》曰：『維天之命，於穆不已。』此之謂也。《易》曰：『乾道變化，各正性命。』此之謂也。

是理也，在天爲實理，在人爲實心，自然而實者，天也。必期於實者，人而天也。蓋聖人一真渾融，萬境洞徹〔一〕。渾然元氣之未鑿，湛然太虚之無纍。正大舜天德出寧之境，文王純亦不已之天，夫子從心不踰矩之年也。蓋賢人欲盡理還人，泯天定，謹獨於暗室不睹之地，存心於雷聲淵默之時。正顔子『克己復禮』之學，曾子『一日三省』之功，孟子誠身明善之道也。

《通書》之言誠也，既曰『聖之性』，又曰『賢之復』。《易傳》之言誠也，既曰『無妄』，又曰『不欺』。夫曰性曰無妄者，所以發《中庸》誠者之旨，曰復曰不欺者，所以明《中庸》誠之者之義。君子以存養爲實功，以踐復爲實地，致知格物爲誠意之驗，持敬主一爲成德之本。然而擬議論誠之篇，周子謂成其變化，而晦翁疑之自誠自明之章，程子謂誠即明也。而晦翁疑之曰：『疑之者，乃所以信之也。』釋《通書》曰：『至誠者，實理之自然；擬議者，所以

〔一〕今按：『洞撤』，四庫全書（宋黄履翁）《古今源流至論别集》卷一作『清徹』。

誠之之事。』非惑周子也，信周子也。釋《中庸》曰：『誠則無不明，明則可以至於誠。』非異伊川也，佐伊川也。

《易》：『閑邪存其誠。』

《書》：『鬼神無常享，享於克誠。』

《荀子》：『天地爲大矣，不誠則不能化萬物。聖人爲知矣，不誠則不能化萬民。父子爲親矣，不誠則疏。君上爲尊矣，不誠則卑。』『誠者，天之道也。不勉而中，不思而得，從容中道，聖人也。誠之者，人之道也。擇善而固執之者也。博學之，審問之，慎思之，明卞之，篤行之。』《中庸》。

朱子曰：『誠者，真實無妄之謂，天理之本然也。誠之者，未能真實無妄，而欲其真實無妄之謂，人事之當然也。不思而得，生知。不勉而中，安行。擇善，學知以下之事。固執，利行以下之事。』『博學，審問，慎思，明辨，篤行』，此誠之之目也。或問：自然而實者天也，必期於實者，人而天也。自誠明，謂之性。自明誠，謂之教。誠則明矣，明則誠矣。

朱子曰：『德無不實而明無不照者，聖人之德。所性而有者也，天道也。先明乎善，而後能實其善者，賢人之學。由教而入者也，人道也。誠則無不明矣，明則可以至於誠矣。

惟天下至誠，爲能盡其性。能盡其性，則能盡人之性；能盡人之性，則能盡物之性；能盡物之性，則可以贊天地之化育。可以贊天地之化育，則可以與天地參矣。』

朱子曰：『天下至誠，謂聖人之德之實，天下莫能加也。盡其性者德無不實，故無人欲之私，而天命之在我者，察之由之，巨細精粗，無毫髮之不盡也。能盡之者，謂知之無不明而處之無不當也。贊，猶助也。與天地參，謂與天地共立而爲三也。此自誠而明者之事也。言天道也。其次致曲，曲能有誠，誠則形，形則著，著則明，明則動，動則變，變則化。惟天下至誠爲能化。其次，通大賢以下誠有未至者而言也。致，推致也。曲，一偏也。形者，積中而形外。著，則又加顯矣。明，則又有光輝發越之盛。動者，誠能動物。變者，物從而變。化，則有不知其所以然者。言人道也。』

西山曰：『貫化育，參天地，乃至誠之極功，而其本則盡己之性而已。其次致曲，即學之事。顔子之四勿，曾子之三省，皆致曲之事。』『至誠之道，可以前知。故至誠如神。誠者自成也。而道自道也。』誠，以『心』言本也。道，以理言用也。誠者物之終始，不誠無物，是故君子誠之爲貴。

西山曰：『自人君言之，必有修德之實心，然後有修德之實事。有愛民之實心，然後有愛民之實事。』以上皆言誠。

故至誠無息，不息則久，久則徵，久，常於中也。徵，驗於外也。徵則悠遠，悠遠則博厚。天地之道，可一言而盡也。其爲物不貳，則其生物不測。誠之不可掩如此夫。《傅子》曰：『巧詐不如拙誠，信矣。劉曄，魏人，獨任才智，不敦誠慤。内失君心，外困於俗，卒以自危，豈不惜哉！』唐太宗曰：『朕方以至誠治天下。』

范氏曰：『太宗可謂知君道矣。夫君以一人之身而御四海之廣，應萬務之衆。苟不以至誠與賢，役其獨智以先天下，則耳目心志之所及者，其能幾何？是故人君必清心以涖之。虚己以待之，如鑒之明，如水之止，則物至而不能囚矣。且我以其正，彼以其頗；我以其直，彼以其僞；何患乎邪之不察，佞之不卞，而必行詐以試之哉？一爲不誠，則心且蔽矣，邪正何能卞乎？惟能御以至誠，則忠直者進，而憸邪無自入矣！』

『養由基射先〔一〕，中石，矢乃飲羽，誠乎先也。伯樂學相馬，所見無非馬者，誠乎馬也。』《吕·精通》。

鍾子期夜聞擊磬聲者而悲朝，召問之曰：『何哉！子之擊磬若此之悲也。』對曰：『臣之父殺人而不得；臣之母得而爲公家隸，臣得而爲公家擊鐘。昨日爲金市而睹之，意欲續之無財，身又公家之有也，是以悲也。』鍾子期曰：『悲在心也，非在手也，非木非石也。悲

〔一〕今按：『先』，《吕氏春秋·精通》作『兕』。

於心而木石應之，以至誠故也。』人君苟能至誠動於內。萬民必應而感移，堯舜之誠，感於萬國，動於天地，故荒外從風，鳳麟翔舞，下及微物，咸得其所。《易》曰：『「中孚」豚魚吉。』此之謂也。《新序》。『勇士一呼，三軍皆辟。』士之誠也。熊渠見石以爲伏虎，彎弓射之，滅矢飲羽，下視，知石也。熊渠見其誠心而金石爲之開，况人心乎！夫不降席而匡天下者，求之己也。上。

《大學》：『欲正其心者，先誠其意。欲誠其意者，先致其知。知至而意誠，意誠而心正。所謂誠其意者：毋自欺也，如惡惡臭，如好好色，此之謂自慊，故君子必慎其獨也！此謂誠於中，形於外，故君子必慎其獨也。』

子曰：『不以誠立，雖立不久矣。誠未著而好言，雖言不信矣。』《韓詩外傳》。

《淮南子》：『强哭者雖病不哀，强親者雖笑不和。情發於中，誠應於外。』

《仲尼閑居》子曰：『清明在躬，氣志如神。即至誠前，知之謂也。』

《韓詩外傳》：楚圍宋，子反乘闉而窺宋城。華元曰：『易子而食之，折骸而爨之。』子反曰：『子其勉之矣！吾軍有七日糧爾。』莊王怒曰：『吾使視之，子曷爲而告之。』子反曰：『區區之宋，猶有不欺之臣。何以楚國而無乎？吾是以告之也。』莊王遂師而歸。君子善其平己也。華元以誠告子反，得以解圍。君子善其以誠相告也。

《緇衣》：『子曰：爲上可望而知也，爲下可述而志也。則君不疑於其臣，而臣不惑於其君矣。』爲上可望而知者，蓋上以誠而接下，爲下可述而志者，蓋下以誠而事上。貞觀九年，以蕭瑀爲特進，賜詩曰：『疾風知勁草，板蕩識誠臣。』

反

《中庸》：『反諸身不誠，不順乎親矣。不明乎善，不誠乎身矣。誠者物之終始，不誠無物。』

朱子曰：『如視不明，則不能見是物。聽不聰，則不能聞是物。孝而不誠於孝則無孝。弟而不誠於弟則無弟。』

北溪陳氏曰：『如《祭義》云：「其立之也，敬以詘。至已撤而退，敬齊之色不絕於面。」』此是祭之終始。若季氏祭終而跛倚以臨祭，則是不誠。

《淮南子》：榮啓期一彈，而孔子三日樂，感於和。鄒忌子一鼓，而齊王終夕悲，感於憂。動諸琴瑟，形諸音聲，而能使人爲之哀樂。懸法設賞，而不能移風易俗者，其誠心不施也。

唐太宗曰：『君，源也。臣，流也。濁其原而求其流之清，不可得矣。君自爲詐，何以責臣下之直乎！』范氏曰：『一爲不誠，則心且蔽矣，邪正何能辨乎！』

一

《淮南子》：『夫一者至貴，無敵於天下。』

周敦頤曰：『聖可學乎？曰：「可。」有要乎？曰一爲要。一者無欲也。無欲則静虚動直。』

《論語》：『子曰：「參乎！吾道一以貫之。」曾子曰：「唯。」子出，門人問之。曾子曰：「夫子之道，忠恕而已矣。」』

《孟子》：『世子自楚返，復見孟子。孟子曰：「世子疑吾言乎？夫道一而已矣。」』

《中庸》：『凡爲天下國家有九經，所以行之者，一也。』或謂以一爲誠，何也？曰：『天下之理，一則純，二則雜。純則誠，雜則妄。修身不一，善惡雜矣。尊君不一，邪正雜矣。不二不雜，非誠而何？舜曰：「惟一。」伊尹曰：「克一。」《中庸》曰：「行之者一。」』西山曰：『一理可以貫萬事，一心可以宰萬物。』

《書·大禹謨》：『帝曰：「惟精惟一，允執厥中。」』《咸有一德》：伊尹曰：『皇天，監於萬邦，眷求一德。惟尹躬暨湯，咸有一德，非天私我有商，惟天佑於一德；非商求於下民，惟民歸於一德。德惟一，動罔不吉；德二三，動罔不凶。終始惟一，時乃日新。惟和惟一。協於克一。』

蔡沈曰：『精粹無雜者，一也。終始無間者，一也。該括萬善者，一也。一者，通古今，達上下，萬化之原，萬事之幹。語其理則無二，語其運則無息，語其體則並包而無所遺也。』

《記》曰：『通於一而萬事畢。』

儉

《左·莊廿四年》：御孫曰：『儉，德之共也。』儉，約也，少也。

《論》：『夫子温、良、恭、儉、讓以得之。』子貢。『儉則固。』『以約失之者鮮矣。』

《孟》：『儉者不奪人。必恭儉禮下。』

《易》：『山上有雷，小過，君子以用過乎儉。』

崇山晁氏曰：『時有三歸，反坫之管仲。』

晏子矯之以弊裘，雖非中行，亦足以矯時厲俗也。

《書》：『克儉于家，不自滿假。』《禹謨》。『不殖貨利。湯。愼乃儉德，惟懷永圖。《太甲》。文王卑服，即康功田功。』

《論》：『菲飲食而致孝乎鬼神，惡衣服而致美乎黻冕，卑宫室而盡力乎溝洫。禹。』

黄收純衣，彤車白馬，茅茨不剪，樸桷不斫，素題不折，大路不畫。越席不緣，大羹不和。粢食不毁，藜藿之羹。飯於土簋，飲於土鉶。金銀珠玉不飾，錦綉文綺不展。奇怪異物不視，玩好之器不寶。淫佚之樂不聽，宫垣室屋不垩色。布衣掩形。鹿裘禦寒，衣履不弊盡，不更爲也。堯。《外紀》。

却馬，罷綺。漢文帝却千里馬詔曰：『朕不受獻也。其令四方無復來獻。』書法，書美之也。又：『見其清浄玄默之意，以示敦樸爲天下先。』哀帝罷官織綺綉，書『禁淫巧也』。

勿受異味，詔省冰紈。光武詔太官勿受郡國異味。異國獻名馬，進寶劍，詔以劍賜騎士，馬駕鼓車。雅不喜聽，手不持珠。音樂珠玉。書法，書美菲食也。和帝有詔，太官勿受遠國珍羞之書。安帝有省薦新物二十三種之書。帝啓之也。章帝建初二年，詔齊國省冰紈。色潔如冰。方空縠。今方目紗。

勿受珍羞，省薦新物。和帝永元十五，嶺南獻龍眼、荔枝，唐羌上書。詔勿受遠國珍羞。安帝六年，省薦新物二十三種。

還珠，焚裘。漢順帝永建四年，桂陽獻大珠。詔曰：『海内頗有灾異，修政，減膳，珍玩不御。而桂陽太守文砻遠獻大珠，以求幸媚。今以還之。』晉咸寧四年，大醫司馬程據獻雉頭裘，晉主焚之於殿前。詔毋得獻奇技異服。

不用錦綉，矯以仁儉。魏衛覬疏：武皇帝時，後宫食不過一肉，衣不用錦綉，茵蓐不緣飾器物，無丹漆。晉主承魏氏刻薄奢侈之後，欲矯以仁儉。

汗血馬之反，北征士之賜：秦乾元十四年，大宛獻汗血馬。堅曰：『吾嘗慕漢文帝爲人，用千里馬何爲？』命群臣作《止馬》詩而反之。寧州獻琥珀枕於劉裕，裕以琥珀治金瘡，命碎之以賜北征將士。

惡精麗之勞人，以節儉而御物。宋主裕財帛皆在外府，内無私藏。嶺南嘗獻入筒細布，一端八丈，惡其精麗勞人，即付有司彈太守，以布還之，並制嶺南禁作此布。宋元嘉廿二年，以衡陽王義季爲兖州刺史，宋主餞於武帳岡。將行，敕諸子且勿食。至會所設饌，日旰，不至，皆有飢色。乃曰：『汝曹少長豐佚，不見百姓艱難。今使汝曹識有飢苦，知以節儉御物耳！』裴子野曰：『善乎太祖之訓也！夫侈興於有餘，儉生於不足。欲其隱約，莫若貧賤！習其艱難，利以任使。達其情僞，易以躬臨。太祖若能帥以訓也，難其志操，畢其禮秩，教成德立，然後授以政事，則無怠無荒，可播之九服矣。』而崇樹襁褓；迭據方嶽。國之存亡，既不是繫，早肆民上，非善誨也。齊黄門郎崔祖思言：『陛下雖躬履節儉，而群下猶習侈靡。宜褒進約素清脩者，貶退驕奢荒淫者，則風俗可移矣。』

擊碎玉道，鞍勒鐵木。齊主道成性清儉。主衣中有玉道，上曰：『留此正長病原。』即擊碎主衣車中也。道，笄屬。魏孝文宏宫室非不得已不修。衣冠浣濯而服之，鞍勒鐵木而已。

非地産而不得貢，非祭享而未作樂。天監二年，斷郡縣獻奉二宫，若非地産亦不得貢。梁武，長齊，一食，菜羹、糲飯。身衣布衣，木綿皂帳，一冠三載，一衾二年。後宫衣不曳地，性不飲酒，非祭享未嘗作樂。

無金玉之飾，毁上善之殿。陳主霸先常膳不過數品，私宴用瓦器蚌盤，殽核充子而已。後宫無金玉之飾，不設女樂。周建德元年，周毁上善殿，以壯麗焚之。書法，以壯麗故也，特書美之。

聽庶人之九種，焚豫州之錦被。周主制：庶人以上，唯聽衣綢、綿綢、絲布、圓綾、紗、絹、綃、葛、布等九種，餘悉禁之。朝祭之服，不拘此制。九年，省後宫妃嬪之數，惟置妃二人，世婦三人，御妾三人。書法，深美之也。陳大建七年，陳焚文錦於雲龍門。監豫州陳桃根得青牛以獻，陳主還之。又表上織成綱之錦被，詔於雲龍門外焚之。書法，晋武焚雉頭裘於殿前，不書。書『毋得獻異服』而已。此其書，何迹誠也。書『焚錦三，是年隋文開皇十五年、唐玄開元二年』。

朝堂之焚，殿前之焚。隋文開皇十五年，焚相州所貢綾文布於朝堂。乘輿御物，故弊者隨令補用。非享宴不過一肉，後宮皆服浣濯之衣，天下化之。丈夫率衣絹布，裝帶不過銅鐵骨角，無綾綺金玉之飾。開元二年，玄宗焚珠玉錦綉於殿前。上以風俗侈靡，制：乘輿服御、金銀服玩，令有司銷毁，以供軍國之用。珠玉、錦綉焚於殿前；后妃以下毋得服。敕百官所服帶及酒器、馬銜、鐙，馬勒鞍鐙。三品以上聽飾以玉，四品以金，五品以銀。婦人從其夫。自今天下毋得采珠玉、織錦綉，罷兩京織錦坊。書法，書予之也。晋武焚雉頭裘於殿前，不書不誠也。明皇初，政勵精誠，有崇儉之意，故《綱目》特書之。

罷鷹隼之獻，縱馴象之獻。永徽二年，高宗詔獻鷹隼犬馬者罪之。書法，書美之也。大曆十四年，德宗即位，詔罷四方貢獻，又罷梨園。外國獻馴象，縱於荆山之陽，豹貀、鬥鷄、獵犬，悉縱之。又出宮女數百人。大曆四年，減常貢錦服玩數千事。

罷四方之獻，罷無益之作。唐太宗爲太子，縱禁苑鷹犬，罷四方貢獻。太和十一年，詔罷無益之作，出宫人不執機杼者，罷尚方錦綉綾絅之工，詔盡出御府衣服珍寶、太官雜器、太僕乘具、内庫弓矢刀鋌十分之八，外府衣物、繒布、絲纊，以其太半班賚百司，下至工商、皂隸，逮於六鎮邊戍，畿内孤、寡、疲癃有差。又出宫人，以賜北鎮無妻者。書法，魏主以方富之年，而有此詔，於是過人遠矣。

杖求賂之中使，禁纖麗之布帛。代宗中使邵元超〔一〕賜希烈旌節，希烈贈之僕、馬及縑七百匹。上怒，杖光超而流之。於是中使之未歸者，皆潛棄所得於山谷。太和三年，焚獻奇巧及織纖麗布帛。書法，書美之也。

省冗食，罷别貯；躡蒲履，用鐵盎。寶曆二年，文宗立，出宫人三千餘人，放鷹犬，省冗食，罷别貯。石晋天福六年，唐主昪性節儉，常躡蒲履，盥靧用鐵盎。暑寢長葛，服飾粗略，左右使令惟貌醜宫人。

罷四方之貢獻，省諸侯之供奉。周廣順元年，罷四方貢獻珍食。書法，美之也。毁漢宫寶器，書美崇儉也。後唐同光四年，明宗量留後宫百人，宦官三十人，教坊百人，鷹坊二十人，御厨五十人，毋得獻鷹犬奇玩，分遣諸軍就食。近畿除夏秋税，省諸侯供奉，毋得斂

〔一〕今按：『邵元超』，四部叢刊初編《資治通鑒》作『邵光超』。

百姓，刺史不得奉。長興二年，解縱鷹隼。書法，初立鷹坊，只留二十人，禁中外毋得獻鷹犬，於是又敕解縱，可謂終始惟一矣。

《易·賁》：『上九，白賁，無咎。』《象》：『白賁無咎，上得志也。』

《書》：『恭儉惟德。』《論》：『與其奢也，寧儉。』或曰：『管仲儉乎？』子曰：『焉得儉？』儉以養德。《書》：『不作無益害有益。不貴異物賤用物，不役耳目。』『不寶遠物。』

《詩》：『糾糾葛屨，可以履霜，摻摻女手，可以縫裳。要之襋之，好人服之。』魏地陝隘，其俗儉嗇而褊急，故以葛屨履霜起興而刺。其使女縫裳，又使治其要襋而遂服之也。

『彼汾沮洳，言采其莫。彼其之子，美無度。美無度，殊異乎公路。』此亦刺儉不中禮之詩。『羔羊之皮，素絲五紽。退食自公，委蛇委蛇。』南國化文王之政，在位皆節儉、正直，故詩人美其衣服有常，而從容自得如此也。

《論》：『麻冕，禮也。今也純，儉。吾從衆。』

曾子曰：『晏子可謂知禮也已。恭敬之有焉。』有若曰：晏子一狐裘三十年。儉於己也。遣車一乘，儉其親也。及墓而反。定訖即還。儉於賓也。皆以儉而失禮者也。

曾子曰：『國無道，君子耻盈禮焉。國奢則示之以儉，國儉則示之以禮。』曾子主權，有主權經。《檀弓》。

『晏平仲祀其先人，豚肩不掩豆，浣衣濯冠以朝，君子以爲隘矣。禮器。』《表記》：『「儉近仁。」子曰：「儉易容。」』『聖人不淫佚侈靡者，非鄙夫色而愛財用者也。養自適〔一〕，過則不樂，故不爲也。是以夏不數浴，非愛水也；冬不頻湯，非愛火也；不高臺榭，非無土木也；不大鍾鼎，非無金錫也。』《韓詩外傳》。

杜詩：『明白山濤鑒，嫌疑陸賈裝。』『鄭子將行罷使臣，囊無一物獻尊親。』『萬物附本性，約身不願奢。大夫出盧宋，寶貝休脂膏。』大夫李勉出二人之上，不污染於貨利。『錯揮鐵如意，莫避珊瑚枝。』王愷示珊瑚，石崇擊碎，言：『雖珊瑚當不貪愛。』『不要懸黄金，胡爲投乳贙。』

源明不求富貴，胡爲遭貶如投獸也？

田宅居窮僻，殿中稱公平。『蕭何治田宅必居窮僻治處，爲家不治垣屋。曰後世賢，師吾儉；不賢，毋爲勢家所奪。』楊惲廉潔無私，爲中郎將。故事令郎出錢，乃得出沐，名曰『出郎』。惲罷之，休沐皆以法令，從事郎官化之。擢爲光禄，輕財好義，殿中稱其公平。

〔一〕今按：『養自適』，四部叢刊初編本《韓詩外傳》作『養有適』。

却王密之金，酹羌胡之鑲。楊震孤貧好學，通達博覽，遷東萊太守。道經昌邑，故所舉王密爲令。夜懷金遺震，震曰：『故人知君，君不知故人。』密曰：『暮夜無知者。』震曰：『天知，神知，我知，子知。何謂無知者？』子弟常蔬食步行，故舊欲令爲開産業，震曰：『使後世稱爲清白吏子孫，以此遺之，不亦可乎！』羌胡遺屬國都尉張奂馬二十匹，金鑲八枚。奂以酒酹地，曰：『使馬如羊，不以入廄。金如粟，不以入懷。』悉還羌胡，金銀器名。

不通禮賂，不別治生。竇武清身疾惡，禮賂不通。妻子衣食裁足而已。兩宫賞賜，悉與諸生。諸葛亮表曰：『臣成都有桑八百株，薄田十五頃。子孫衣食，自有餘饒，不別治生，以長尺寸。臣死之日，不使内有餘帛，外有羸財，以負陛下。』

纍年秋毫之無犯，廿年障泥之不易。晋荆州刺史劉道規在州纍年，秋毫無犯。甲士二人還席於舟中，道規刑之於市。魏司徒長孫道生，性清儉，一熊皮障泥，數十年不易。魏主使歌工頌群臣曰：『智如崔浩，廉若道生。』不營財利，家無餘業。

無受資供，屏在道側。宋太保王弘輕率偏隘，雖貴顯，不營財利。及卒，家無餘業。宋主賜錢百萬，米千斛。宋顔延年子竣貴重，凡所資供，一無所受。嘗乘羸牛笨車，竹輿。逢竣鹵簿，即屏在道側出行仗衛。常語竣曰：『吾平生不喜見要人，今不幸見汝。』竣起宅，延之曰：『無令後人笑汝拙也。』延之嘗早詣竣，賓客盈門，竣尚未起，怒曰：『汝出糞土之中，升雲霞之上，驕傲如此，其能久乎？』

儉而不漏，清而不介：晋劉殷。

樵菜自給，賜以粟帛。魏中書令高允常使諸子樵菜自給。司徒陸麗曰：『高允雖蒙寵待，而家貧，妻子不立。』魏主即日至其第，惟草屋數間，布被緼袍，厨中鹽菜而已。魏主嘆息，賜以粟帛。

不營家産，未嘗耽樂。張嘉貞玄宗相。不營家産，有勸其市田宅者，曰：『吾貴爲將相，何憂寒餒。』段秀實爲涇原節度，軍令簡約，奉身清儉，室無姬妾。非公會，未嘗飲酒耽樂。

心如山岳，吾豈賈竪。建成、元吉以金銀器車〔一〕贈尉遲敬德。敬德不受，以告世民，世民曰：『公心如山岳，積金至斗，知公不移。』王敦遺玉環玉碗，訪抵之於地曰：『吾豈賈竪，可以寶悦耶！』

受埋饋金，取燒麈尾。開元十二年，御史杜暹按事突騎，施饋之金，固辭。左右曰：『寄身異域，不宜逆情。』受，埋幕下，出境，移牒令取。虜大驚，追之不及。及安西都護闕，自給事中，居母憂。詔起，爲之。齊陳顯達自以門寒，任重，每遷官常有愧懼之色。諸子多

〔一〕今按：『車』，四部叢刊初編本《資治通鑒》作『一車』。

事豪侈，顯達曰：『麈尾蠅拂，是王謝家物，汝不須提此。』取而燒之。
《左·襄公二十六年》：叔向曰：『鄭七穆，罕氏其後亡者也。子展儉而壹。』注：身儉而用心一。
《漢書》：『揚子不汲汲於富貴，不戚戚於貧賤。家無儋石之儲，晏如也。』有以自守，泊如也。
有饋魚於鄭相，鄭相不受，曰：『吾以嗜魚，故不受魚。受魚失禄，無以食魚。不受得禄，終身食魚。』《新序》。揚雄賦：『迨至聖文，躬服節儉，綈衣不敝，革鞜不穿。却翡翠之飾，除雕琢之巧。惡麗靡而不近，斥芬芳而不御。是以玉衡正而太階平也。』
西山曰：『一修儉德，則玉衡正而太階平也，格天之功若是其速。』樊川太守政如水。杜詩：『不貪夜識金銀氣。』又：『池水觀爲政。』澄清不可撓也。
康伯不受，鍾離不拜。《世説》：韓康伯遺范宣絹百匹，不受。裂二丈與之云：『寧可使婦無褌耶？』簡齊詩曰：『不肯一褌爲婦計。』鍾離意，會稽人。爲尚書時，交趾太守張恢坐贓伏法，以資物入大司農。詔賜群臣。意得珠璣，而不拜賜。曰：『臣聞孔子忍渴於盜泉之水，曾參回車於勝母之閭。此贓穢之寶，誠不敢拜。』帝嘆曰：『清乎尚書之言也。』更以錢十萬賜意。

景倩真清，孔奮清潔。陸景倩爲扶溝丞。按察使覆州縣殿最，有吏言狀曰：『某强清，某乍〔一〕清，惟景倩真清。』孔奮清潔。被召，無資，單車就路。

選一大錢，受一串茶。劉寵爲會稽守。陸贄，壽州刺史張鎰有重名，贄往見，餉錢五萬〔二〕，曰：『請爲母夫人一日費。』贄不納，受茶一串。

孟嘗還珠，羊續懸魚。合浦守，廬江丞。

飲馬投錢，不取州錢。項中山飲馬渭水，投三錢。郝廉亦然。令狐楚始涖鄆帥。

使澤潞而不受幣，使西域而不受物。馬伉爲侍讀，李抱真卒，伉持節臨吊，歸之帛不受。醴泉令缺，德宗曰：『使澤潞不受幣者，清可用也。』遂以授伉。李恂後徵拜謁者，使西域，宛馬、奴婢、金銀、香罽之屬，一無所受。

器物無所受，苞苴不污家。孔奮守姑臧長，被徵，單車就路。吏民羌胡曰：『孔君清廉仁賢。』遂斂牛馬器物追送，一無所受。韋詵登樓，見人有瘞者，曰：『參軍裴寬居也。』答曰：『有人餉鹿，不敢自欺，故瘞之。』詵引爲判官。

〔一〕今按：『乍』，中華書局《新唐書・陸元方傳》作『詐』。

〔二〕今按：『五萬』，中華書局《新唐書・陵贄傳》作『百萬』。

犀珍投江中，所乘止一馬。李勉拜嶺南節度，後召歸，盡搜家人所蓄犀珍投江中。朱敬則爲廬州刺史，代還，無淮南一物，所乘止一馬。

唯飲吴水，爲受贐紙。鄧攸守吴郡，載米入郡，不受俸，唯飲吴水。唐杜暹參軍婺州，秩滿歸。吏以紙贐之，爲受紙百番。

廉白無蓄，公清如水。盧坦，趙軌。

得前人之券，刻魯公之帖。王質所至，有冰蘗聲，以貧爲寶。祖爲舍人，貸金贍昆弟，輟乘馬以償之。閱家藏而得其券，曰：『此前人清風，當奉而不墜。』又得顏公《乞米帖》，刻石以摸之，遺親友。

市一部而爲恨，惟二公之不殖。李及知杭州，市《白集》一部，終身爲恨。荆公官顯，俸禄入門，任諸弟取盡。温公通判太原，月給酒饋待賓客外，輒不請。

脂膏莫潤，圭玉無瑕。李義山文。冰壑照人，耿介絶俗〔一〕。唐文。

『清越而瑕不自掩，潔白而物莫能污。』劉賓客文。『膏脂有戒，冰蘗自規。』李義山。

〔一〕今按：『俗』，四庫全書《文章辨體彙選》作『倫』。

清如玉壺冰。謝靈運。『千尋見底清』。李。清能律貪夫。白。官清馬骨高。歐。撤〔一〕底心清水共虛。清高萬丈底。元微之。

冰壺燭物，玉尺待身。睹玉樹琅玕之標〔二〕，覺我形穢。挹金莖沆瀣之氣，使人意消。今之君子，隍恤位隆而道污，賢哉大夫！可與頑廉而懦立。清節不渝，孤忠自許。立懦夫於百世之下，舉明主於三代之隆，和屑玉於脩莖，氣融沆瀣；出層冰於巨壑，清絶塵埃。

舉廉 林駉

虞朝設教曰：『簡而廉。』周典計吏曰：『弊以廉。』夫廉者，百行之本也。以此律身，以此正家，以此化俗。』嘗怪文帝之舉廉〔三〕，而萬家之縣，無有應令。《本紀》。武帝之舉廉〔四〕，

〔一〕今按：『撤』，中華書局《全唐詩》作『澈』。
〔二〕今按：『睹』『琅玕』，四庫全書《橘山四六卷二》分別作『觀』『琳琅』。
〔三〕今按：『廉』，四庫全書《古今源流至論前集卷九》作『防』。
〔四〕今按：同上。

而闔郡之廣不薦一人。《本紀》。藝祖平蜀東歸，惟有圖書。沈綸之清節可貴也。於是有樞宥〔一〕之命。太祖。身平江南，惟載圖籍。曹彬之廉潔，可尚也。於是有玉音之嘆。太祖。符彦卿之羨餘，未易革也。而必出粟，以愧其心。王晉卿之貪黷，未易化也。而必還錦，以愧其心。太祖乾德四年。

『有官居鼎鼐，無地起樓臺。』何簡薄也。萊公魏野詩。『田園貧宰相，圖籍富詩書。』何冲淡也！人贈富鄭公詩。『身爲中丞，不受遺錢。』無貪心也。太宗在晉邸，嘗以五百千錢遺中丞劉温叟，不敢辭，貯于别室。明年重午，復以角黍遺之。使人至，見前所送錢，扃鐍如故。身判刺寺，不受賜錢，無利心也。向敏中判大理寺。

守杭之日，愧市《白集》，非矯俗也。乾興九年，李及知杭州，不事宴游。一日冒雪出郊，衆謂當置酒召客。乃獨造林逋，清談至暮而歸。居官數年，未嘗市吴物。比去，惟市《白樂天集》，至後，深以爲悔。見上。

入蜀之日，龜鶴自隨，非强清也。趙抃初在成都，携一琴〔二〕一鶴。其再任也，屏去龜

〔一〕今按：『宥』，四庫全書作『密』。
〔二〕今按：『琴』，四庫作『龜』。

鶴。張公裕學士贈以詩云：『馬諳舊路行猶滑，龜放長江不再回。』

出判端城，不持一硯，有善政也；出帥南海，不載一物，有清節也。包拯知端州，清〔一〕爲廣西安撫。

嘗謂天下之廉吏有三，曰自然之廉；曰矯激之廉；曰勉强之廉。胡質之清，唯恐人知，自然之廉也。時苗爲令去官留犢，矯激之廉也。楊湛貪鄙，聞薛宣之名而改節，勉强之廉也。欲使天下之吏，皆自勉於廉節，必有虞之九德。周之六計，以起其愧耻之心，庶無慊於先正之高風。

趙潁奉瓜，蘇瓊置廳；有客削瓜，王羆就地。蘇瓊爲清河太守。郡人趙潁以太守年老，致仕在家。五月中得新瓜一双自來奉瓊。不受，固請。便留，乃置廳事，竟不割。人聞受瓜欲貢新瓜，到門知潁瓜猶在，相顧而去。《北齊》。王羆性儉，有客與羆食瓜。客削瓜侵膚稍厚，羆意嫌之。乃〔二〕瓜皮落地，乃引手就地取而食之。客甚有愧色。《後周書》。

〔一〕今按：『清』，四庫作『余靖』。

〔二〕今按：『乃』，中華書局《周書》作『及』。

廉恥

《管子》曰：『禮、義、廉、恥，是謂四維。』四維不張，國乃滅亡。歐陽公曰：『禮、義、廉、恥，國之四維。四維不張，國乃滅亡。況爲大臣而無廉恥，天下其有不滅，國家其有不亡者乎？』馮道其可謂無廉恥者矣！則當時天下國家可知也。

《臯陶謨》：『簡而廉。』簡而廉者，簡易而廉隅也。孔子曰：『上惡貪則下恥爭，上廉讓則下恥節。』《家語》。

唐武德七年，食禄之家無得與民争利。胡氏曰：『此以廉恥待士夫之美政也。』隋開皇四年，侍御史李諤曰：『士大夫矜伐干進，無复廉恥，乞明加罪黜。』

恥

《哀公問》：孔子曰：『物恥足以振之，國恥足以興之。』物以不振爲恥，國以不興爲恥。

《昭公十六》：富子曰：『張孔失位，吾子之耻也。』子産曰：『取陵於大國，僑之耻也。』

《昭公卅一》子家子曰：『一慚之不忍，而終身慚之乎？』

《襄公十》：晋欒黶曰：『逃楚，晋之耻也。』

《昭公五》：楚薳啓疆曰：『耻匹夫不可以無備，况耻國乎？是以先王務行禮，不求耻人。』『若有其人耻之可也。有賢人以敵晋則可耻之。』

《文公十三》：郤成子曰：『不如隨會，能賤而有耻。』處卑賤而有廉耻。

《昭公十三〔一〕》：子太叔曰：『王室之不寧，晋之耻也。』

《記》：『四郊多壘，卿大夫之耻也。』

梁惠王曰：『寡人耻之，願比死者一洗之。』《孟》：『無羞惡之心，非人也。羞惡之心，義之端也。人役而耻爲役，由弓人而耻爲弓，矢人而耻爲矢。如耻之，莫如爲仁。今也小國師大國而耻受命焉，是猶弟子而耻受命於先師也。如耻之，莫若師文王。』

朱子曰：『因其愧耻之心，而勉以修德也。』

『由君子觀之，則人之所以求富貴利達者，其妻妾不羞也，而不相泣者，幾希矣。』

〔一〕今按：『昭公十三』，《十三經注疏》本作『昭公二十四年』。

《孟》：『人不可以無耻，無耻之耻，無耻矣。耻之於人大矣。爲機變之巧者，無所用耻焉。不耻不若人，何若人有。』

程子曰：『耻其不能而爲之可也，耻其不能而掩藏之不可也。』

《禮記・雜記》：『君子有五耻：居其位，無其言，君子耻之。有其言，無其行，君子耻之。既得之而又失之，君子耻之。地有餘而民不足，君子耻之。衆寡均而倍焉，君子耻之。』五耻言爲政之君子也，無善可聞，一耻也。言行不相顧，二耻也。無德而退，三耻也。使之逃散，四耻也。被功倍己，五耻也。子曰：『士志於道而耻惡衣惡食者，未足與議也。』

子曰：『巧言令色足恭，左丘明耻之，丘亦耻之。匿怨而友其人，左丘明耻之，丘亦耻之。』

子曰：『衣敝緼袍，與衣狐貉者立，而不耻者，其由也與？』憲問耻，子曰：『邦有道，穀。邦無道，穀，耻也。』子貢問曰：『何如斯可謂士矣？』子曰：『行己有耻，可謂士矣。』

李鄘耻由宦官進至京師，辭疾。士頑鈍無耻者亦多歸漢。《陳平傳》。

唐太宗詩：『雪耻酬百王。』謝靈運詩：『秦帝魯連耻。』杜詩：『壯士耻爲儒。』

奢　**侈也**

《論》：『管氏有三歸，焉得儉？』『奢則不遜。』《書》：『玩物喪志。敝化奢麗，萬世同流，怙侈滅義，服美於人。驕滿矜誇，將由惡終。以蕩陵德，實敗天道。』《畢命》。《孟》：『寶珠玉者，殃必及身。』

刻桓公之桷，諫晉侯之侈。《左・庄廿四》：刻桓公之桷。刻，鏤也。桷，椽也。將逆夫人，故爲盛飾。《傳》：『非禮也。』御孫諫曰：『儉，德之共也；侈，惡之大也。先君有共德，而君納諸大惡，無乃不可乎？』《宣元》：『晉侯侈，靈公。趙宣子爲政，驟諫而不入。』

無德而貪，侈故之以。《宣六》：鄭公子曼滿語，欲爲卿。王子伯廖曰：『無德而貪，其在《周易》《豐》之《離》，不過之矣。』不過三年。『間一歲，鄭人殺之。』《昭十八》：二月乙卯，周毛得殺毛伯過而代之。萇弘曰：『毛得必亡，是昆吾稔之日也。』注：昆吾，夏伯也。稔，熟也。侈惡積熟，以乙卯日與桀同誅。侈故之以。『而毛得以濟侈於王都，不亡何待！』廿六，毛伯奔。

有餘爲器，與周爭田。《哀十一》：陳袁頗出奔鄭。初，袁頗爲司徒，賦封内田以嫁公女。有餘，以爲己大器。鍾鼎之屬。國人逐之，故出。道渴，其族轅咺進稻醴、粱糗、暇腵脩焉〔一〕。喜曰：『何其給也？』對曰：『器成而具。』《成十一》：『晋郤至，與周争鄇田。』鄇温别邑。《傳》言郤至貪，所以亡。

管仲，晏嬰。《家語》：子曰：『管仲鏤簋而朱紘，旅樹而反坫，樹屏也。山節藻棁，賢大夫也。而難爲上。晏平仲祀其先祖而豚肩不掩豆。一狐裘三十年，賢大夫也，而難爲下。君子上不僭下，下不逼上。』

領軍家有一靴屋，相國藏椒八百斛。簡齊。賈誼曰：『帝之身自衣皂綈，而富民墻屋被文綉。天子之后以緣其領，庶人孽妾以緣其履；此臣所謂舛也。夫百人作之不能衣一人，欲天下亡寒，胡可得也？一人耕之，十人聚而食之，欲天下亡飢，不可得也。』

《淮南子》：不貪無用，則不以欲用害性。

嚴安曰：『今人用財侈靡，以觀欲於天下。侈而無節，則不可贍。逐利不已，犯法者衆。臣願爲民制度以防其淫，使貧富不相耀以和其心。心志定，則盜賊消；刑罰少，陰陽和，萬物蕃也。』

〔一〕今按：『陳袁頗』『腵脩』，《十三經注疏》本分别作『陳轅頗』『腵脩』。

乙逸之嘆，翟酺之疏。燕乙逸自幽州刺史被徵，夫婦共乘鹿車。子璋從數十騎，服飾甚麗。奉迎於道。逸怒責之，璋猶不悛。璋歷中書令，逸嘆曰：『吾少自修立，克己守道，僅能免罪。璋專爲奢縱，而更居清顯，此豈惟璋之忝幸，實時世之陵夷也。』翟酺疏曰：昔文帝躬行節儉，有譏之者。帝曰：『朕爲天下守財耳！豈得妄用之哉？』今斂天下之財，積無功之家，帑藏單盡，民物凋傷，願陛下割情欲，罷宴私。

晋范寧之疏，宋周朗之疏。晋孝武太元十二，中書侍郎范寧疏曰：『今兼并之室，亦多不贍。由用之無節，争以侈麗，相尚故也。』宋周朗疏曰：『舉天下以奉一君，何患不給？一體炫金，不及百兩，一歲美衣，不過數襲；而必收寳連櫝，集服纍笥，目豈常視，身未時親，是櫝帶寳、笥著衣，何糜蠹之劇！惑鄙之甚耶！』

大修宫室，尤貪財利。宋武大修宫室，土木被錦綉，壞高祖所居陰室，其處起玉燭殿，牀頭有土障，纍土爲屏。壁上起葛燈籠，麻蠅拂。袁顗因稱高祖儉德，宋主曰：『田舍翁得此，已爲過矣！』書法，書『大修』，何譏也！宋武末年，尤貪財利。刺史二千石罷還，必限使獻奉，又以蒲戲取之，罄盡乃止。

銀器滿席，蓮花帖地。齊武建武三，詔去乘輿金銀飾。太官元日上壽有銀鎗，齊主欲壞之。蕭穎胄曰：『朝廷盛禮，無若三元。此器舊物，不足爲侈。』後遇曲宴，銀器滿席。穎冑曰：『陛下前欲壞酒鎗，恐宜移在此器。』齊主甚慚。書法，書譏矯也。齊寶卷鑿金爲蓮花以帖地，令潘妃行其上，曰：『此步步生蓮花也。』

褚遂良之對，狄仁傑之奏。唐太宗謂褚遂良曰：『舜造漆器諫者十餘人，此何足諫。』對曰：『奢侈者危亡之本。漆器不已，將以金玉爲之。忠臣愛君必防其漸，若禍亂已成，無所復諫矣。』調露元年，幸東都。韋弘機作上陽宮，制度壯麗。侍御史狄仁傑劾奏弘機道上爲奢汰，免其官。

徐充容之疏，張藴古之箴。貞觀廿一，上營玉華宮，務爲儉約。惟寢殿覆瓦，餘皆茅茨。然所費已巨萬計。充容徐惠疏曰：『珍玩技巧，乃喪國之斧斤；珠玉錦綉，實迷心之鴆毒。作法於儉，猶恐其奢；作法於奢，何以制後？』張藴古《大寶箴》：『壯九重於内，所居不過容膝，彼昏不知，瑶其臺而瓊其室。網八珍於前，所食不過適口，惟狂罔念，丘其糟而池其酒。』

請工地之益宅，何武庫之不取。漢田蚡請考工地益宅。上曰：『何不遂取武庫。』工作器械之所。

華覈之疏，傅咸之書。國虚民貧，咎在奢汰。唐尊。吴俗奢汰，中書丞華覈疏曰：『民貧俗奢，轉相放效，上無尊卑等級之差，下有耗財費力之損。』皓不聽。晋武太康三，車騎司馬傅咸書曰：『奢侈之費，甚於天災。欲時人崇儉，當詰其奢。』

日食萬錢，汰侈尤甚。晋何曾日食萬錢，猶云：『無下箸處。』子邵曾之孫，日食二萬，綏及弟機羨汰侈尤甚。王尼曰：『居亂世，而矜豪乃爾，其能免乎？』及永嘉之亂，何氏無遺種。

貪昧無厭，官非才舉。燕太傅評。

省尚方之器玩，禁民間之雜物。宋昇明二年，蕭道成奏：罷御府，省二尚方雕飾器玩，奏禁民間華僞雜物。

豪貴之家，奢僭過度。魏太和十二年，秘書丞李彪曰：『豪貴之家，奢僭過度。第宅車服，宜爲等制。』

餓虎將軍，飢鷹侍中。魏侍中盧昶、元暉侍寵貪縱，時人謂之『餓虎將軍』、『飢鷹侍中』。尋遷吏部尚書。官有定價，時人謂之市曹。

蘇威詐清，家纍金玉。開皇十五，納言蘇威坐從祀不敬，免。俄而復位，帝曰：『世人言蘇威詐清，家纍金玉，此妄言也。然其性狠戾，求名太甚，此其大病耳。』

貪而好殺，責其金玉。薛舉自稱秦帝，太子仁杲貪而好殺，悉召富人倒懸之，以醋灌鼻，責其金玉。

開元三年之求藥，開元四年之求禽。開元二焚珠玉。其後胡人上言：『海南多珠翠奇寶，因言市舶之利，又欲往獅子國求靈藥醫嫗。命監察御史楊範臣往求之。範臣奏曰：『陛下前年焚珠玉、錦綉，示不復用。今所求者，何以異於所焚者乎？彼市舶與商賈爭利，殆非王者之體。胡藥之性，中國多不能知；況於胡嫗，豈宜置之宮掖！』上引咎罷之。開元四，遣宦官詣江南取鵁鶄、鸂鶒等，欲置苑中。汴州刺史倪若水言：『農桑方急，而網捕禽鳥，陸水傳送，道路觀者，豈不以陛下爲賤人而貴鳥乎？』上手敕謝之。縱散其鳥。

宮室崇侈，民力凋盡。《左・昭八》：石言於晉魏榆。地。師曠曰：『作事不時，怨讟動于民，則有非言之物而言。今宮室崇侈，民力凋盡，怨讟并作，莫保其性。石言不亦宜乎！』

宜以服寵而爲美，不以彤鏤而爲美。楚靈爲章華之臺，與伍舉登焉。曰：『甚美矣夫。』對曰：『國君以服寵爲美，不聞其以土木之崇高、彤鏤爲美。』

賈山之言，方朔之對。漢文帝時，賈山曰：『秦爲宮室之麗至於此，使其後世曾不得聚廬而託處焉。爲馳道之麗至於此，使其後世曾不得邪徑而託足焉。』漢武帝時，天下侈靡，上問：『吾欲化民，豈有道乎？』東方朔對曰：『臣願近述孝文皇帝之時，身衣弋綈，足履革舄，以韋帶劍，莞蒲爲席，兵木無刃，衣緼無文，集上書囊以爲殿帷。以道德爲麗，以仁義爲準，於是天下望風成俗。今陛下，千門萬户，土木衣錦綉，厩馬被繢罽。上爲淫巧如此，而欲使民獨不奢侈。誠能推甲乙之帳燔之於四通之衢，却走馬示不復用，則堯舜之性宜可與比治矣！』

隋煬帝之苑，唐太宗之宫。築西苑周二百里，内爲海十餘里，作十六苑門。剪綵爲花葉，作《清夜游曲》。西山曰：『武王之數紂，曰暴殄天物。隋煬以有用之繒帛，委之溝壑、草莽中，一不之惜，暴殄甚矣。其致江都之禍，宜也。』唐太宗，貞觀初，謂公卿曰：『禹鑿山治水而民無謗讟者，與人同利也。秦皇營宫室而民怨叛者，病人利己也。朕欲營一殿，鑒秦而止。』四年，修濟陽宫，張玄素諫曰：『役瘡痍之人，習亡隋之故，又甚於煬帝矣。』上即爲之罷役，賜玄素綵二百匹。秦時奢侈綈帳綺綉土木珠紫。《三輔舊事》。

桀，紂。桀为酒池糟堤，縱靡靡之樂，群臣歌曰：『江水沛沛兮，舟楫敗兮，我王廢兮，趣歸亳兮。亳亦大兮。』又曰：『樂兮樂兮，四壯蹻兮，六轡沃兮，去不善而從善，何不樂兮？』《新序》。《昭四年》：楚子示諸侯侈。椒舉曰：『桀爲仍之會，有緡叛之。紂爲黎之搜，東夷叛之。幽有大室之盟，戎狄叛之，皆所以示諸侯汏，無乃不濟乎？』

冬之築郿，春之築臺。《春秋》：莊廿八冬，築郿，大無麥禾。廿九春，新延厩。韓昭侯作高門，屈宜臼曰：『前年秦拔宜陽，今年旱，不恤民隱〔一〕而顧益奢。所謂時詘舉嬴者也。』《穀梁》曰：『古之君人者，必時視民之所勤。民勤於力，則功築罕。民勤於財，則貢賦少。民勤於食，則百事廢。冬築郿。春，新延廄，以其用民力爲已悉矣。』卅一春，築臺於郎。胡安國曰：『何以書？厲民也。天子有靈臺，以候天地。諸侯有時臺，以候四時。去國築臺於遠而不緣占候，是爲游觀之所。厲民以自樂也。』

夔之不祀，欒之先亡。《昭廿八》：有仍氏生女，后夔取之，生伯封。實有豕心，貪婪無厭，謂之封豕。后羿滅之。夔是以不祀。《襄十四年》：晉士鞅奔秦。秦伯問於士鞅曰：『晉大夫其誰先亡？』對曰：『其欒氏乎？』秦伯曰：『以其汰乎？』曰：『然。』燕太后侵擾國政，太傅評貪昧無厭，官非才舉，群下怨憤。尚書左丞申紹上疏，以爲：『宜精擇守宰，併官省職，存恤兵家。使公私兩遂，節抑浮靡，愛惜用度。』

〔一〕今按：『隱』，四部叢刊初編本《資治通鑒》作『急』。

清和 林駧

自忠肅、恭懿之風息，而清之名始形；自宣慈惠和之德泯，而和之名始彰。夫以夷齊之不立惡人朝，不與惡人言，疑於隘矣。而夫子稱其『不念舊惡』，以下惠之不羞污君，不卑小官，疑於不恭矣。而孟子稱其『不易其介』。世之士以爲傲睨世故，可隆聞望，軒挺物表，可掠聲稱，潔修不污，尚廉隅也。倜儻不群，崇氣概也。肥遁自守，重道義也。反乎此，則脂〔一〕韋蹴踖其名爲佞，詭隨曲徑其名爲偷，委靡遷就其名爲懦。世之士以爲皦皦之志，久則難全。皓皓之行，終則易污。和光同塵，爲負機也。隨波逐流，爲通賢也。雷同一談，爲達權也。反乎此，則骯髒殊好，是之謂誕。宏闊將論，是之謂迂。矯拂立情，是之謂譎。嗚呼！學步邯鄲，至失邯鄲；效顰西子，反失西子。且西都之風，非不尚和也。然將相不能正誼盡瘁，而臨難交歡，相與容悅於五百金之態。《周勃陳平傳》。御史不能抗色立朝，而垂没教諂且形於父子之間。《陳咸傳》。

〔一〕今按：『脂』，四庫全書宋林駧《古今源流至論後集卷六》作『旨』。

朔方良策難詰，隨對如誤國何。公孫弘。留屯集議，初是什三，如昧事何。趙充國。甚至坐視漢鼎之移，而目不瞑者在相位。《張禹傳》。甘心天禄之投，而心不愧者在臺閣。《揚雄傳》。若是者阿順而已，果和之聖乎？

東都之□〔一〕非不尚清，然抗志於攬轡之秋，而忘戰國處士横議之戒。《范滂傳》。要譽於龍門之登，而忘智者偃息衡門之諭。《李膺傳》。名目相高，重慕清裁，屣履相先，争畏貶議。《黨錮傳》。甚至西州豪傑之不豫，至自訟以爲高，生徒録牒之未破，至自表以爲潔。若是者，矯亢而已。果清之聖乎？宋朝諸公，平居相稱，若尚同也。而議事則公言無私，不害其爲同，上前争事，若好異也。而下殿則如未嘗争，不害其爲異。修、仲淹、琦、弼、忠獻、希文、彦國。范公之與李文靖〔二〕雖立異於伏閤，奏事之時，而不能不相歡，於平賊之舉，君實之與景仁雖相得於異姓兄弟之情，而終不相下，於鍾律之事。

邵康節之自處，則退遁山林，不屑富貴，至語門弟，則寬民。新法投劾何益？程明道之誨人，則若坐春風，温厚可尚。至對執政，則面排新法，執論不撓。毁方瓦合。人曰杜衍示

〔一〕今按：□，四庫全書作『俗』。
〔二〕今按：『李文靖』，四庫作『吕夷簡』。

門人之教，然也。而歐公乃以忠臣不和稱之。勤謹和緩。人曰劉安世得李若谷之教，然也。而蘇公乃以真鐵漢褒之。

萬馬能駐，確不可奪。王公存之不殉〔一〕流俗，固也。然平居恂恂，不爲詭激之行。赤幟自立，矻〔二〕不可向。温公之好持異論，固也。然不才自處，常嫌於勇决之人。以此制行，亦何嫌〔三〕夷、惠之聖哉！

抑又論之，尚清之弊，則流而爲激、爲訐。尚和之弊，則流而爲庸、爲佞。然流之激、訐，不顧身害，不失爲扶持名教之地；流於庸、佞，蠅營狗苟，必至於廉耻掃地而後已。昔真宗嘗謂：『管仲之仁，不如召忽之忠。』仁宗嘗謂：『蘧伯玉之君子，不若史魚之直。』爲士夫者，寧爲其方，毋爲其圓。寧爲其清，毋爲其和，可也。

〔一〕今按：『殉』，四庫作『徇』。
〔二〕今按：『矻』，四庫作『屹』。
〔三〕今按：『嫌』，四庫作『歉』。

勤 勞也

《易》：『終日乾乾，自强不息。』《書》：『帝曰：耄期倦於勤。』史：『堯老倦於勤。』

《書》：『克勤於邦，不自滿暇。』《禹》。『予思日孜孜，兢兢業業，夙夜罔或不勤，勤施於四方。王季其勤，王家業廣惟勤，君子所其無逸。不敢自暇自逸，不敢荒寧，不遑暇食。文。克勤無怠，克勤乃事。祇勤於德，克勤小物。罔不惟德之勤。』以勤事爲流俗。《小學》。『惟日孜孜，無敢逸豫。』

《詩》：『夙興夜寐，靡有朝矣。』

《孟》：『鷄鳴而起，孳爲善者，舜之徒也。鷄鳴而起，孳爲利者，蹠之徒也。』

《董仲舒策》：『事在强勉而已矣。强勉學問，則聞見博而智益明。强勉行道，則德日起而大有功。』

魯申公對：『爲治者不在多言，顧力行何如耳！』『古我先王，暨乃祖乃父，胥及逸勤。』

《盤唐》〔一〕。

韓《進學解》：『業精于勤。』

每朝視朝，日昃乃罷。講論經理，夜分乃寐。太子曰：『陛下有禹、湯之明，而失黄老養性之福。』帝曰：『我自樂此不爲疲。』

□……□。□（盤）庚遷于殷，□（民）不適有居。不常厥邑，于今五邦。湯遷亳，仲丁遷囂，河亶□（甲）□□（居相）。祖己□（居）□（耿）。□（并）盤庚□□□（五遷也）。試以汝遷安定厥邦。□□（今予將）試以汝遷永建乃家。盤庚既遷，奠厥攸居，今□……□爾□……□□（『今予其敷心腹腎腸，曆告爾百姓於朕志』）。

杜甫：『殷復前王道，周遷舊國容』□……□。

『□（率）西水滸，至于岐下。』『爰及姜女，聿來胥宇。』『天作高山，太王荒之。』

《孟》：『太王居邠，狄人侵之，去之岐山之下居焉。非擇而取之，不得已也。去邠，逾梁山，邑于岐山之下居焉。邠人曰：仁人也，不可失也。』

〔一〕今按：『盤唐』，《十三經注疏》本作『盤庚』。

邾公卜遷於繹，晋人謀居故絳。《左・文三〔一〕》：卜遷於繹。史曰：『利於民而不利於君。』邾子曰：『苟利於民，孤之利也。天生民而樹之君，以利之也。民既利矣，孤必與焉。』遂遷於繹。五月公卒。君子曰：『知命。』《成六》：『謀居故絳。大夫皆曰：「必居郇、瑕氏之地，沃饒而近盬，國利民樂，不可失也。」韓獻子曰：「郇、瑕氏土薄水淺，其惡易覯。易覯則民愁，民愁則墊隘，於是乎有沉溺重膇之疾。沉溺，濕疾。重膇，足腫。不如新田，土厚水深，居之不疾。有汾、澮以流其惡，且民從教，十世之利也。夫山、澤、林、鹽，國之寶也。國饒，則民驕佚。近寶，公室乃貧，不可謂樂。」』公悦從之。夏四月，晋遷于新田。冬，季文子如晋，賀遷也。

邢遷夷儀，衛作楚室。《僖元》：齊桓遷邢於夷儀。二年，封衛於楚丘。邢遷如歸，衛國忘亡。《詩》：『定之方中，作於楚宫。揆之以日，作於楚室。升彼虚矣，以望楚矣。望楚與堂，景山與京。』

萇弘欲遷，蔡侯冬遷。《定公元年》：晋女叔寬曰：『周萇弘將不免，萇弘違天。』天厭周德，弘欲遷都以延其祚，故曰違天。『天之所壞，不可支也。』《哀公二年》：『吴泄庸如蔡納聘，而稍

〔一〕今按：『左・文三』，《十三經注疏》本作『左傳・文公十三年』。

納師。蔡侯哭而還墓。』將還，與先君辭，故哭。『冬，蔡遷於州來。』

王尊之言，孫綽之疏。晋成帝時，宫室灰燼。温嶠欲遷都豫章，三吴之豪請都會稽。王尊曰：『孫仲謀、劉玄德俱言建康「王者之宅」。古之帝王不必以豐儉移都。苟務本節用，何憂彫弊。若農事不修，則樂土爲墟矣。今特宜鎮之以静。』由是不復徙都。哀帝隆平元年，桓温請遷都洛陽。著作郎孫綽疏曰：『播流江表，已經數世。雖北風之思感其素志，目前之哀實爲交切。臣愚以爲：宜遣將帥先鎮洛陽，掃平凉許，清一河南。豺狼遠竄，中夏少康，□……□（今然後可）徐議遷徙耳。

魏主遷洛陽，梁主遷江陵。太和十七詔：大舉伐齊。魏主至洛陽，諭群臣曰：『苟不南伐，當遷都於此。』□……□（平阳公丕）：『當訊之卜筮。』魏主曰：『卜以决疑，不疑何卜！王者以四海爲家，或南或北，何常之有！』□……□（盤）庚遷都，其民咨嗟胥怨。□……□（盤庚乃登进）厥民。播告之脩，不匿厥指〔一〕。心悦誠服，奠厥攸居。蓋服民以□（力），□不若服民以□（德），……□□……□（《綱目》）書詔大舉伐齊，□……□分。注：載其欲以脅衆之語於下。梁□……□建□……□（上欲还建康）。□……（上）以建

〔一〕今按：『不匿厥指』原脱，據吕本補。

康凋殘，□……□江陵全盛，卒從僧佑等議。書法，安□……□梁主遣□……□□……□拔而亡。□……□曰：『遣还所以著梁主之失計也。』庾信賦：『況背關□……□（而懷楚），異端委□□□□（而開吳）。』□……□『古公避狄，兆永祚於岐下。高帝徙蜀，建雄圖於漢中。』

□……□都者，總也。天下總會之所也。

伏羲都於陳。陳州屬河南。神農都於陳，徙曲阜。縣名，屬兖州。黄帝、少昊：居軒轅之丘，故因此爲氏。又居姬水，故又姓姬。顓頊、帝嚳高陽，今開封杞縣，居於亳。今亳州。帝堯、舜、禹平陽。唐，國名，冀州之域。夏都安邑。冀州，魏國名。舜、禹故都。商周亳、朝歌，故城在衛州。鎬京在豐邑。王城在豫州。秦咸陽。渭水之北，九嵕之南。西漢：關中。東漢，蜀漢：洛陽、成都。西晋，東晋：洛陽、建康。即金陵。南朝宋、齊、梁、陳：建康。隋唐：長安。五代梁、唐、晋、漢、周：汴。大梁。北宋、南宋：汴、臨安。即杭州。陳摶有『一汴二杭三閩四廣』之説。元、大明：大都，金陵、燕京。太宗。

《周禮》：掌固若造都邑則治其固與其守法。凡國都之固有溝守〔一〕之固，郊亦如之。

〔一〕今按：『守』，《十三經注疏》本作『樹』。

大宰之職，以八法〔一〕治都鄙：一曰祭祀，以馭其神。二曰法則，以馭其官。三曰廢置，以馭其吏。四曰禄位，以馭其士。五曰賦貢，以馭其用。六曰禮俗，以馭其民。七曰刑賞，以馭其威。八曰田役，以馭其衆。都司馬掌都之士、庶子及其衆庶車馬、兵甲之戒令，以國法掌其政學，以聽國司馬，家司馬，亦如之。方士掌都家，都王子弟及公卿之采地。家大夫之采地。聽其獄訟之辭，辨其死刑之罪。朝大夫掌都家之國治。日朝以聽國事故，以告其君長。

范無宇曰：『臣聞大都疑國，大臣疑主，亂之本也。都疑則交争，臣疑則兼令，禍之深者也。尾大不掉，末大必折。』

杜詩：『昔我游宋中，惟梁孝王都。名今陳留亞，劇則貝魏俱。邑中九萬家，高棟照通衢。舟車半天下，主客多歡娛。』『藹藹咸陽都，冠蓋日雲積。』

《咸陽》韋莊：『城邊人倚夕陽樓，樓上雲凝萬古愁。山色不知秦苑廢，水聲空傍漢宫流。李斯不向□（仓）□（中）□（悟），徐福應無□（物）□（外）□（游）。莫怪楚吟偏斷骨，野烟蹤迹似東周。』秦滅東周，今其都與周俱爲亡國之迹。

〔一〕今按：『法』，《十三經注疏》本作『則』。

□……□□……□東□……□西（自黄唐至夏商。王氣在乎東。自周初至秦漢。王氣在乎西）。自漢末至隋唐，王氣在乎北。自唐中葉而後，王氣始轉而南。至於今日，始盛於南。□……□□……□城夷齊封國於孤竹，箕子建国於朝鮮。《地理志》：『燕，尾、箕分野也。少昊爽有商薄。』

卷之十三

二曰言

蔡沈曰：『言，揚火也。』

程氏曰：『氣之出爲言。』

朱子曰：『言發於氣，故言屬火。』

荀爽《九家易》：『乾爲言。』

《易》子曰：『君子居其室，出其言善，則千里之外應之，况其邇者乎？居其室，出其言不善，則千里之外違之，况其邇者乎？言出乎身，加乎民；行發乎邇，見乎遠；言行，君子之樞機。樞機之發，榮辱之主也。言行，君子之所以動天地也，可不慎乎？』

《論》子曰：『巧言令色，鮮矣仁。』『巧言令色足恭，左丘明耻之，丘亦耻之。』『子曰：「巧言亂德」。』『子貢問君子，子曰：「先行其言，而後從之。」』『古者，言之不出，耻躬之不逮也。』『子曰：「君子恥其言，而過其行。」』『子曰：「仁者，其言也訒。」』『子曰：「君子欲訥於言，而敏於行。」』『子曰：「夫人不言，言必有中。」』憫子：『君子名之必可言也，言之必可行也，君子於其言，無所苟而已矣。』『言必信，行必果，硜硜然，小人哉。』『邦有道危言危行，邦無道危行言遜。』『有德者必有言，有言者不必有德。』『子曰：「始吾於人也，聽其言而信其行；今吾於人也，聽其言而觀其行，於予與改是。」』『子所雅言，《詩》《書》、執禮，皆雅言也。』『子罕言利與命與仁。』『子曰：「予欲無言。」』『子曰：「法語之言，能無從乎？改之爲貴。巽與之言，能無說乎？繹之爲貴。說而不繹，從而不改，吾末如之何也已矣。」』法言，若孟子論行王政。巽言，若若論好貨好色。『孔子於鄉黨，似不能言者。其在宗廟朝廷，便便言，唯謹爾。朝，與下大夫言，侃侃剛直。如也；與上大夫言，誾誾和悅。如也。』『過位，其言似不足者。』『食不語，寢不言。』答述曰語，自言曰言。『楊氏曰：「肺爲氣主而聲出焉，寢食則氣窒而不隨焉，語言恐傷之也。」』『子張問行，子曰：「言忠信，行篤敬，雖蠻貊之邦，行矣。言不忠信，行不篤敬，雖州里行乎哉？」』『子曰：「不知言，無以知人也。」』『子曰：「非禮勿言。」』

《程子·言箴》：『人心之動，因言以宣，發禁躁妄，內斯靜專。矧是樞機，興戎出好；吉凶榮辱，惟其所召。傷易則誕，傷煩則支；己肆物忤，出悖來違，非法不道，欽哉訓辭。』

定公問：『一言可以興邦，有諸？』孔子對曰：『言不可以若是其期也。人之言曰：「爲君難，爲臣不易。」如知爲君之難也，不幾乎一言而興邦乎？』『一言可以喪邦，有諸？』孔子對曰：『言不可以若是其期也。人之言曰：「予無樂乎爲君，唯其言而莫予違也。」如其善而莫之違也，不亦善乎？如不善而莫之違也，不幾乎一言而喪邦乎？』

子曰：『可與言而不與之言，失人；不可與言而與之言，失言。君子不以言舉人，不以人廢言。』

《坊記》子云：『君子約言，小人先言。』子云：『上酌民言，則下天上施；上不酌民言，則犯也；下不天上施，則亂也。故君子信讓以涖百姓，則民之報禮重。』《詩》云：『先民有言，詢于蒭蕘。』上酌民言，人君將施政教，政教所加，斟酌輿論，民戴如天。

《緇衣》子曰：『大人不倡游言無根不定之言。可言也，不可行，君子不言也；可行也，不可言，君子不行也。則民言不危行，而行不危言矣。』子曰：『君子道人以言，而禁人以行。故言必慮其所終，而行必稽其所敝，則民謹於言而慎於行。』《詩》云：『慎爾出話，敬爾威儀。』道化誨之也。道人以言而必慮其所終，恐其行之虛誕也；禁謹飭之也，禁人以行而必稽其所敝，慮其末之或偏也。

《緇衣》子曰：『言有物而行有格也，是以生則不可奪志，死則不可奪名。故君子多聞，質而守之；多志，質而親之；精知，略而行之。』《君陳》曰：『出入自爾師虞，庶言同則繹。』《緇衣》子曰：『苟有車，必見其軾；苟有衣，必見其敝；人苟或言之，必聞其聲；苟或行之，必見其成。』此言有是物，必有是事。

子曰：『言從而行之，則言不可飾也；行從而言之，則行不可飾也。故君子寡言而行，以成其信，則民不得大其美而小其惡。』言順於理而行之，則言爲可用，而非文飾之言；行順於理而言之，則行爲可稱，而非文飾之行。寡言而行，即訥言而敏行；以成其信，即言行皆不妄。

《襄廿五》仲尼曰：『言以足志，文以足言。言之無文，行而不遠。』不能及遠。

《中庸》：『舜好問而好察邇言。庸德之行，庸言之謹，有所不足，不敢不勉，有餘不敢盡；言顧言，行顧行〔一〕。言前定則不跲，行前定則不疚。行而世爲天下法，言而世爲天下則。』

《大學》：『言悖而出者，亦悖而入。』

孟子見梁襄王，出，語人曰：『卒然問曰：「天下惡乎定？」』言之急遽，亦何譏耶？朱

〔一〕今按：『言顧言，行顧行』，《禮記・中庸》作『言顧行，行顧言』。《中庸章句》同。

子曰：『《艮》之六五，以中正而言有序。』呂氏亦曰：『志定者，其言重以舒；不定者，其言輕以疾。』

孟子曰：『我知言。』朱子曰：『知言者，盡心知性，於凡天下之言，無不有以究極其理，而識其是非得失之所以然也。』公孫丑曰：『何謂知言？』曰：『詖辭知其所蔽；淫辭知其所陷；邪辭知其所離，遁辭知其所窮。生於其心，害於其政，發於其政，害於其事。聖人復起，必從吾言矣。』朱子曰：『詖，偏陂也。淫，放蕩也。邪，邪僻也。遁，逃避也。四者相回，言之病也。蔽，遮隔也。陷，沉溺也。離，叛去也。窮，困屈也。四者，亦相回。心之失也。人之有言，皆出於心。其心明乎正理而無蔽，然後其言平正通達而無病；苟爲不然，則必有是四者之病矣。即其言之病，而知其心之失，又知其害於政事之決然而不可易者，如此非心通於道而無疑於天下之理，其孰能知之？』彼告子者，不得於言，而不肯求之於心。至爲義外之説，則自不免於四者之病，其何以知天下之言而無所疑哉？

程子曰：『心通乎道，然後能辨是非，如持權衡以較輕重，孟子所謂知言是也。』問去蔽之道當如何，雙峰饒氏曰：孔子嘗謂『六言六蔽』，皆基於不好學，欲去蔽者，當自好聖賢之學始。

『曰：「惡，是何言也？是何言也？」「人之易其言也，無責耳矣。」「言無實不祥，不祥之實，蔽賢者當之。」「士未可以言而言，是以言餂之也；可以言而不言，是以不言餂之也，是皆穿逾之類也。」』

『言近而指遠者，善言也。君子之言也，不下帶而道存焉。』

『聽其言也，人焉廋哉？』

《淮南子》：『言出於口者不可止於人，言發於邇者不可禁於遠。』

《玉藻》：『天子言，則右史書之。』

董仲舒告武帝曰：『言出於己，不可塞也；行發於身，不可掩也；言行，治之大者，君子之所以動天地也。』

《易》：『《艮》卦，六五：艮其輔，言有序，悔亡。』《傳》：『輔，言之所由出也。有序，中節有次序也。』

揚子曰：『言重則有法，行重則有德。言輕則招憂，行輕則招辜。』或問忠言嘉謨，曰：『言合《皋陶》之謂忠，謨合《皋陶》之謂嘉。』或曰邵如之何，曰：『亦勖之而已，不可及。庳則儀、秦、鞅、斯亦忠嘉矣。』庳下不能自勉，或問群言之長，群行之宗，曰：『群言之長，德言也；群行之宗，德行也。』或問：『君子言則成文，動則成德，何以也？』曰：『以其弸中而彪外也。君子不言，言必有中；不行，行必有稱也。』或問：『孟子知言之要，知德之奧。』曰：

『非苟知之亦允蹈之。』或問：『聖人之言，炳若丹青，有諸？』曰：『吁！是何言歟？丹青初則炳，久則渝，渝乎哉？』或曰：『聖人自恣歟？何言之多端也。』曰：『子未睹禹之行水歟？一東一北，行之無礙也。君子之道，獨無礙乎？如何直往也！時有可否礙也。水避礙則通於海，君子避礙則通于理。』高者水之礙，雜者聖之礙。或問：『儀、秦學乎鬼谷之術而習乎縱横言，安中國者各十餘年，是夫？』曰：『詐人也。聖人惡諸？』曰：『孔子讀而儀、秦行，何如也？』曰：『甚矣！鳳鳴熱翰也。』曰：『然則子貢不爲歟？』游説。曰：『亂而不解，子貢耻諸。説而不富貴，儀、秦耻諸。』或問袁盎，曰：『忠不足而談有餘。』

《荀子》：『贈人以言，重於金石珠玉；觀人以言，美於黼黻文章；聽人之言，樂於鐘鼓琴瑟。』使人觀言。

《書》：帝曰：『格，汝舜！詢事考言，乃言底可績。』群后四朝。敷奏以言。帝舜曰：『龍，朕堲讒説殄行，震驚朕師。命汝作納言，出納朕命，惟允！』帝曰：『來，禹！無稽之言勿聽。惟口出好興戎，朕言不再。』皋陶曰：『朕言惠，可底行。』禹曰：『俞！乃言底可績。』帝曰：『來，禹！汝亦昌言。』退有後言，敷納以言。

『悉聽朕言。朕不食言。』《湯誓》。

『矧予之德，言足聽聞。』《仲虺之誥》。

『有言逆于汝心，必求諸道；有言遜于汝志，必求諸非道。君罔以辯言亂舊政。』《太甲》。

盤庚遷于殷，出矢誓言：罔有逸言，丕乃敢大言。時時儉民，猶胥顧于箴言。汝曷不告朕，而胥動以浮言。曰：明聽朕言。

王既免喪，其惟不言，群臣咸諫于王曰：『王言，惟作命；不言，臣下罔有稟令。』王曰：『台恐德不類，兹故不言。夢帝賚予良弼，其代予言。』旨哉！説。乃言惟服。乃不良于言，予罔聞于行。惟説不言有厥咎。《説命》。

俾萬姓咸曰：『大哉！王言。』《咸有一德》。

《旅獒》：『言以道接。』

《金縢》：『管叔及其群弟乃流言於國。』曰：『噫！公命我勿敢言。』

《康誥》：王曰：『嗚呼！衣德言。』

《無逸》：『高宗乃或亮陰，三年不言。其惟不言，言乃雍。』

《蔡仲之命》：『罔以側言改厥度。』一偏之言也。

《秦誓》：『惟截截善諞言，俾君子易辭。』

《詩》：『蛇蛇碩言，出自口矣。巧言如簧，顔之厚矣。』《巧言》。『慎爾言也，謂爾不信。』

『營營蒼〔一〕蠅，止于樊，豈弟君子，無信讒言。』《青蠅》，《賓之初筵》：『匪言勿言。』『白圭之玷，〈尚可磨〉也〔二〕，斯言之玷，不可爲也！無易由言，無曰苟矣，莫捫朕舌，言不可逝矣。』逝：放去。《抑》。『聽言則對，誦言如醉。』《桑榆》〔三〕。

楚莊曰：『言語者，士之道路也。』《新序》。

『戒之哉，無多言，多言多敗。』《金人銘》見敬戒。

《揚子》：聖人之言似水火。或問『水火』。曰：『水側〔四〕之而益深，窮之而益遠；火用之而彌明，宿之而彌壯。』

顧公不言，言必有中。王祥與言，以德掩言。吴相顧翁爲人寡言，舉動時當，權嘆曰：『顧公不言，言必有中。』晋太保王祥卒，族孫戎嘆曰：『太保當正始之世，不在能言之流。及間與之言，理致清遠，豈非以德掩其言乎？』

文子呐呐，高允呐呐。《檀弓》：『文子，其言呐呐然如不出諸其口。』呐呐，聲低而語緩也。

〔一〕今按：『蒼』《詩・小雅》作『青』。
〔二〕今按：『尚可磨』據《論語》補。
〔三〕今按：《桑榆》，《詩・大雅》篇名作《桑柔》。
〔四〕今按：『側』《法言義疏》作『測』。

《魏》：『高允内文明而外柔順，其言吶吶，舒小貌。不能出口。』

徐言誾誾，威儀翼翼，後言先默，得之推讓。孔子過康子，子張、子夏從。孔子入坐，二子相論，終日不決。子夏辭氣甚溢，顏色甚變。子張曰：『子亦聞夫子之議論耶？徐言誾誾，威儀翼翼。後言先默，得之推讓，嵬嵬乎！蕩蕩乎！道有歸矣。小人之論也，專意自是，言人之非，瞋目搤腕，疾言噴噴，口沸目赤，一幸得勝，疾笑嗌嗌，威儀固陋，辭氣鄙俗，是以君子賤之也。』《韓詩外傳》。

行之指也，身之文也。東郭先生曰：『言者，行之指也。』《僖廿四》介之推曰：『言，身之文也。』

沉厚恂恂，似不能言。唐李靖。

襟懷信實，訥於言語。梁臨川内史周迪。

于謹之言，正倫之言。周于謹曰：『言行者，立身之基，願陛下三思而言，九慮而行。』唐太宗曰：『朕每臨朝，欲發一言，未嘗不三思，恐爲民害，是以不多言。』知起居事杜正倫曰：『臣職在記言，陛下之言失，臣必書之，豈徒有害於今，亦恐貽譏於後？』

聽其言也甘，察其行也賊。魏李瑛曰范櫄。

言信而有徵，言僭而無徵。叔向曰：『子野之言，君子哉！師曠，君子之言，信而有徵，故遠怨於其身；小人之言，僭而無徵，故怨咎及之。』

言以考典，典以志經。《昭十五》：叔向曰：『言以考典，典以志經，忘經而多言，舉典將焉用之。』忘其經常，徒恃言語，舉引典故。

庸言之信，庸行之謹。《乾・九二》文言。

衛侯夷言，鄭息違言。《哀十一》：『衛侯歸，效夷言。子之尚幼公孫彌牟。曰：「君必不免，其死於夷乎！執焉，而又説其言，從之固矣。」』從夷之心，固不可改。衛輒卒，死於越。『鄭、息有違言。息侯伐鄭，言語違恨。鄭伯與戰于竟〔一〕，息師大敗而還。君子是以知息之將亡也。不度德，不量力，不親親，不徵師，不察有罪，犯五不韙而以伐人，其喪師也，不亦宜乎？』

欒伯實言，晋國必長。晏子一言，齊侯省刑。《宣十二》趙莊子曰：『欒伯善哉！實充其言，必長晋國。』《昭三》君子曰：『仁人之言，其利博哉。晏子一言，而齊侯省刑。』

士之傳言，志以發言。《襄十四》師曠曰：『士傳言。』士卑不得徑達，聞君過失，傳告大夫。《襄廿七》伯州黎曰：『志以發言，言以出信，信以立志。』

〔一〕今按：『竟』，《春秋左傳正義》作『竟』。

言以知物，言以出令。《昭元》：子皮曰：『言以知物，其是之謂矣。』察言以知禍福之類。《昭九》屠蒯曰：『言以出令。』

『傷人之言，深於矛戟。』《荀子》。

非言之物，石言于晋。《昭八》：『石言于晋魏榆，晋，魏邑。〔一〕晋侯問曰：「石何故言？」師曠對曰：「石不能言，或馮焉。有精神馮依石而能言。不然，民聽濫失也。」抑臣又聞之曰：「作事不時，怨讟動于民，則有非言之物而言。今宫室崇侈，民力凋盡，怨讟並作，莫保其性。石言，不亦宜乎。」』

是餮言也，食言多矣。《哀廿四》：『萊章曰：「是餮言也。」』《廿五》公曰：『是食言多矣，能無肥乎？』以激三桓之食言。

非雷非霆，隱隱𥕢𥕢。或問大聲曰云云。久而愈盈，尸諸聖。注：『聖人之言傳無窮。』《揚子》。

《詩·正月》：『莠言自口。』

《沔水》：『民之訛言。』

《荀子》晏子曰：『君子贈人以言。』

〔一〕今按：『晋，魏邑』誤，當爲『魏榆，晋邑』。

《漢書》：『田千秋一言悟主，旬月取卿相。』

襄王謂宋玉曰：『汝能大言乎？』曰：『彎弓掛扶桑，長劍倚天門。』

文公數歲登樓之言，温公平生對人之言。楊文公數歲不能言，一日抱與登樓，忽能語『危樓高百尺』之句。司馬温公語晁補之曰：『吾無過人，但平生所爲，無不可對人而言爾。』

贈子以忠言，欲語復忘言。窮經盡格言，綸綍涣王言。相見竟何言，玩味古人言。老死空山未足言，猶許先生作正言。

隋魚俱羅，言聞數百步，煬帝殺之。《北史》。

方言

周秦以八月遣輶軒之徒，採異代方言。

揚子雲作《方言》，識者宗之。劉子元欲作《方言志》而未果，當世以爲恨。雖然，不易知也。

撑犁孤塗，陸機莫知，况下於機者乎。《漢書》：『撑犁孤塗單于。』犂，大也。孤塗，子也。單于，大天子也。（陸機讀史不識撑犂二字。）

魏冒踰糟，使無田恭，則朱輔其何録。東漢朱輔上疏：王唐散〔一〕等慕化歸義，作詩三章。『遠夷之語，辭義難正。』有田恭與之習狎，頗曉其言。提宮隗〈構〉，言大漢治也。魏冒踰糟，言與天合意也。

夫《陳湯傳》既曰『毋鼓』，《西域傳》又曰『毋寡』，是一字而二音也。《班史》既曰『龜茲』，（西漢音。）而爲『丘茲』，《范史》又曰『龜茲』，（東漢音。）而爲『屈沮』，是一字而二音也。此猶可曰是夷習之未定也。然楚自克庸，文物可觀，而曰憑曰羌，何陋也？《楚辭》：『憑不厭乎求索，羌内恕己以諒人。』蜀自文翁，儒學彬彬而以『一』爲『蜀』，何訛也？揚子《方言》：『一，蜀也。』郭璞注：蜀與獨同。此猶可曰是舊染之未洗也。

若夫南方『都』之音『猪』，宋人『來』之音『離』。《記》：『污其宮而猪焉。』注：『南方以都爲猪。』宋人歌曰：『于思于思，棄甲復來。』（音離。）《康衡傳》曰：『毋説《詩》，康鼎來。』（亦音離。）此中國衣冠之所萃，禮樂之自出，而乃如是耶。

『居』之爲『姬』，『但』之爲『地』，在魯有焉。檀弓何居，（注音『姬』。）齊魯之間語助。魯人

〔一〕 今按：『唐散』當爲『唐菆』，《後漢書》載『今白狼王唐菆等慕化歸義』。

曰：『西曹地忍之。』注：地，但也。『邾』曰『邾婁』，『得來』曰『登來』，在齊有焉。《公羊》：齊人稱邾曰『邾婁』。《禮記》亦謂『邾婁』。《公羊》：『登來』音『得來』，齊人語也。此文學之天性，聖賢之舊居，而亦如是耶。

至吾夫子有以『而』爲『如』者，吾孟子有所謂『施云』者。《春秋》：『星隕如雨。』注：如，而也。《論語》：『宗廟之事，如會同。方六七十，如五六十』，皆訓『而』字。《孟子》：『孟施舍』，注：孟，姓也。舍，名也。施，發音也。抑聖賢不能自拔於流俗歟。

蓋五方殊性，從古固然。水土異宜，習俗難變。如吴漢輕淺，燕趙重濁。秦隴則去聲多入，梁益則平聲似去。江東取類與河北復殊，莊岳齊音，雖衆楚莫辨。是故有以意而釋者，有以語而助者，有殊俗變通者，有與時稱謂者。噫！中國且莫之一，況外俗乎？聖人且不能免，况他人乎？

且《陳勝傳》謂『多』爲『夥』，《楚元王傳》謂『空』爲『丘』，《王式傳》謂『丘』爲『區』，是以意而釋也。以『案』爲語辭，見於《蘭陵三十二篇》；以『頣』爲語助，見於《史記·陳涉世家》；以『那』爲去聲，而爲語助，是以字而助也。

不特此耳，指『襟紐』爲『衣船』，杜詩有之，『天子呼來不上船』之證也。指『華』爲『桃笙』，柳詩有之，『蒲扇桃笙安可帶』之證也。他如稱『浦』爲『步』，韓碑言之。『安』移於

『齊』，《戰國策》有之。韓碑有『步有新船』，蓋指『步』爲『浦』；《戰國策》『安』移於『齊』，『安』移於『梁』。一『憐』字而爲愛、爲哀，一『惄』字而爲愛、爲思，子雲《方言》有之。是又隨俗變通，其不一也如此。嗚呼！達書名於四方，通言語於重譯，此亦士君子之責，無蹈陸機、朱輔之失。

清談

清談。談，言論也。

王輔之問，王弼之答。王輔弱冠，詣裴頠問曰：『夫無者，誠萬物之所資，聖人莫肯致言，而老子申之無已，何也？』王弼曰：『聖人體無，無又不可以訓，故言必及有。老莊未免於有，恒訓其所不足。』此言似爲退一舍，非本色。

何晏之論：以爲天地萬物皆以無爲本。無也者，開物成務，無往不存者也。陰陽恃以化生，賢者恃以成德，故無之爲用，無爵而貴。裴頠《崇有論》曰：『利欲可損而未可絶有也；事務可節而未可全無也。談者深列有形之纍，盛稱空無之美，遂薄綜世之務，賤功利之用，高浮華之業〔一〕，卑經實之賢。於是玄〔二〕言藉於虛無，謂之玄妙；處官不親所職，謂之雅達〔三〕；奉身散其廉操，謂之廣達。故悖吉凶之禮，忽容止之表。瀆長幼之序，混貴賤之級。夫萬物之生，以有爲分者也。故心非事也，而制事必由於心，不可謂心爲無也；匠非器也，而制器必須於匠，不可謂匠非有也。』

正始中，曹芳之何晏；景元中，道鄉公之嵇康。與夏侯玄、荀粲、王弼之徒，競爲清談，謂『六經』爲聖人之粗粕，祖尚虛無，士大夫慕效。與阮籍、咸、山濤、向秀、王戎、劉伶友，號『竹林七賢』，崇尚虛無，輕蔑禮法，縱酒昏酣，遺落世事。籍居喪飲酒，無異平日，大夫慕效，謂之放達。未幾，禪晉。

王戎爲司徒，王衍令尚書，樂廣尹河南，皆善清談，宅心事外。衍與澄題品人物，澄及咸任放爲達。何晏等祖尚老莊，未幾，晋亂。

陳頵遺書於王導，殷浩共談於褚裒。元帝渡江，王導爲政，陳頵遺王導書曰：『中華所以傾覆者，正以老莊之俗傾惑朝廷。今宜改張，然後中興可冀。』導不能從。殷浩與褚裒、

〔一〕今按：『華』《資治通鑒》卷八二作『游』。
〔二〕今按：『玄』《資治通鑒》卷八二作『立』。
〔三〕今按：『達』《資治通鑒》卷八二作『遠』。

杜乂、預孫皆以識度清遠，善談《老》《易》。桓彝謂裒曰：『季野有皮裏《春秋》。』言其外無臧否，而内有褒貶也。謝安曰：『裒雖不言，而四時之氣亦備矣。』范甯謂：『王弼、何晏之罪，深於桀、紂。一世之禍輕桀、紂，歷代之患重王、何，自喪之惡小桀、紂，迷衆之罪大王、何。』楊國修曰：『晉世人士皆尚清虚，而裴頠作《崇有論》皆尚莊學，而王坦之作《廢莊論》。然成公之欲，而無厭自取□□〔二〕，坦之之風格終始不易。』

簡文講《老子》，夷甫學《老》《莊》。簡文爲太子，講《老子》於華林園。詹事何敬容嘆曰：『西晋尚清虚，使中原淪於胡、羯。今東宫復爾，江南其爲戎乎！』未幾，侯景作亂，桓温登平乘樓，北望中原嘆曰：『使神州陸沉百年，王夷甫諸人不得不任其責。』『平叔任散誕，夷甫坐談空。不悟昭陽殿，化作單于宫。』

西山曰：清談之弊，起於曹魏，終於蕭梁。其始蓋宗老莊氏，其末則欲爲老莊氏之役而不可得者。蓋老氏謂天下之物生於有，而有生於無，是始無而今有也。何晏輩乃實歸之於無，是豈老氏本指耶？自吾儒言之，形而上者，理也；形而下者，物也。有是理，故有是物；有是物，則具是理。其得謂之無耶。老氏之論既失之，而爲清談者又失之尤者也。

〔二〕今按：疑为『伊戚』，徒能言之耳。

杜詩：『清談玉露繁。』杜牧詩：『清談空解識胡兒。』陳禾詩：『安得清談一陶寫，令人絶憶許文休。』

許靖愛樂人物，清談不倦。杜清談見弦味，坡百態見玄談。揮麈而談，捫虱而談。松火伴清談，風月足清談。山鷺人豈俗談，綸巾自笑談。

語

《易》子曰：『亂之初〔一〕生也，則言語以爲階。』子曰：『君子易其心而後語；懼以語則民不應也。』朱子曰：『平易其心而後語。』《論》：『食不語，寢不言。』朱子曰：『答述曰語，自言曰言。』

諸葛之語，阮瞻之語。吴諸葛恪有才辯，與吕岱語，岱無以答，吴喜曰：『世人奇恪之英辯可觀，哂岱之無對爲陋。是樂春藻之繁華，忘秋實之甘口也。』王戎曰：『聖人貴名教，老莊明自然，其旨異同？』阮瞻曰：『將無同。』遂辟之，謂之『三語掾』。

〔一〕今按：『初』，《周易注疏》作『所』。

冰語，形語。令狐策夢與冰下人語，後果爲媒，媒之言曰『冰語』。東坡云：『海外有形語之國，口不能言，相喻以形，其以形語也。』

吴語，北語。東坡詩：『十客相逢九吴客〔一〕。』《北史》：魏主詔『不得爲北俗之語於朝廷』。

花語，禽語。太液池白蓮開，明皇指妃子曰：『何如此花解語？』白龜年樂天子，於崇山東岩下遇李白，授一軸素書，曰：『讀此可辨九天禽語、九地獸語。』龜年一日過潞州，二雀啾唧過太守庭，守曰：『彼何言？』龜年曰：『言城西民家有粟可共食。』

作常語，堪共語。張華曰：『今日不可作常語。』陸曰：『雲間陸士龍。』荀曰：『日下荀鳴鶴。』庾信至北方，惟愛温子昇，韓山寺碑曰：『惟此一片石堪共語，餘皆驢鳴犬吠耳。』《玉泉子》楚莊王曰：『言語者，士之道路也。』魏太和十九年，禁胡語。見上發明予之辭也。

夏侯勝之見語，桓南人之危語。夏侯勝出，見道上語，上聞而讓勝，勝曰：『陛下所言善，臣故揚之。堯言布天下，至今見誦。臣以爲可傳，故傳耳。』

孔子遇程子於途，傾蓋而語。

〔一〕今按：『客』當爲『語』。

辭 辭，説也

《易》：『將叛者其辭慚，中心疑者其辭枝，吉人之辭寡，躁人之辭多，誣善之人其辭游，失其守者其辭屈。』

一辭，半辭。《家語》：『孔子作《春秋》，子夏不能贊一辭。』《信陵君傳》：『侯生曾無一言半辭送我。』

兩辭，單辭。《呂刑》：『無或私家于獄之兩辭。』《書》：『明清于單辭』。偏辭也。

曼辭，英辭。《司馬遷傳》：『曼辭自解。』曼，美也。《選》：英〔一〕辭潤金石。

奉辭，寄辭。《書》：『奉辭伐罪。』《選》：『寄辭翰墨林。』

文成絶妙辭，操筆寫新辭。秋水落霞辭，孤峰絶岸辭。池塘夢草辭，芳草斷腸辭。英雄翰墨辭，翰墨可英辭。孤忠感發見情辭，田園擬賦去來辭。相思還有斷腸辭，相如封禪有遺辭。『遺辭必中律，問口取將相。』杜。『出辭氣，斯遠鄙倍矣。』曾子。

〔一〕今按：原脱。

《書》：乃惟爾辟，屑有辭。瑣屑有辭。『惟截截善諞巧言，俾君子易辭。』《秦誓》。

《論》子曰：『辭達而已矣。』

《襄卅一》叔向曰：『辭之不可以已也如是夫！子産有辭，諸侯賴之，若之何其釋辭也。』子産如晉，盡壞其館之垣。

《昭廿六》：憫馬父聞子朝之辭，曰：『文辭以行禮也。子朝王之命，無禮甚矣，文辭何爲？』

《宣十二》：鮑癸晉止之曰：『其右有辭，君子也。』

《襄廿五》：子産獻捷於晉。趙文子曰：『其辭順。犯順，不祥。』仲尼曰：『言以足志，文以足言。言之無文，行而不遠。慎辭哉！』成也。

孟子曰：『放淫辭，邪説者不得作。作於其心，害於其事；作於其事，害於其政。聖人復起，不易吾言。』

《表記》子曰：『君子不以辭盡人。故天下有道，則行有枝葉；天下無道，則辭有枝葉。』不以辭盡人，不可以言辭盡見其人之實。行有枝葉，根本盛而條達者也。辭有枝葉，蕪辭蔓説而已。『是故君子於有喪者之側，不能賻焉，則不問其所費；於有病者之側，不能饋焉，則不問其所欲；有客不能館，則不問其所舍。』不能則不問，不可以虚言待人。

《孟》：『宰我、子貢善爲説辭。孔子曰：「我於辭命，則不能也。」』程子曰：『孔子自謂不能於辭命者，欲使學者務本而已。』

《記・曲禮》：『安定辭，安民哉。』程子曰：『心定者其言安以舒，不定者其辭輕以疾。』

《傳》曰：『鳥之美羽勾琢者，鳥畏之；魚之侈口垂腴者，魚畏之；人之利口贍辭者，人畏之。是以君子避三端：避文士之筆端、避武士之鋒端、避辯士之舌端。』

辯

《書》：『君罔以辯言亂舊政。』《太甲》。

吴諸葛恪有才辯，與吕岱語，無以答，吴喜曰：『世人奇恪之英辯可觀，哂岱之無對爲陋。』

是樂春藻之繁華，忘秋實之甘口也。

《孟》：『予豈好辯哉？予不得已也。』

唐德宗生日，四門博士韋渠牟嘲談辯給，上悦之。旬日，遷右補闕。

書法：書譏也。書補闕始此。

游説

韓非作《説難》，揚子曰：『韓非作《説難》，而卒死乎説難，何也？』曰：『《説難》蓋其所以死也！君子以禮動，以義止，合則進，否則退，確乎不憂其不合也。夫説：「人而憂其不合，則亦無所不至矣。」』或曰：『説之不合，非憂耶？』曰：『説不由道，憂也；由道而不合，非憂也。』

或問：『酈食其説陳留，下敫倉；説齊，破歷下軍，何辯也？韓信襲齊，以身脂鼎，何訥也？』曰：『夫辯也者，自辯也。如辯人，幾危矣。』

韓非之説，食其之説。蒯通之抵，公孫之辯。或問：『蒯通抵韓信，不能下，又狂之。』曰：『方遭信閉，如其抵。』盡忠高祖，若門閉無巇隙。曰：『「巇可抵乎？」若設險巇之詐謀以動之，其可抵乎？』曰：「賢者司禮，小人抵巇，况附拍鍵乎？」』司，伺也。抵巇猶不可，况閉户無隙而欲拍鍵强入乎？《揚子》。

『公孫弘〔一〕折辯抗辭，别同異，離堅白，不可與衆同道也。』《淮南子》。

讒説

《書》帝曰：『龍朕堲讒説殄行，震驚朕師〔二〕。命汝作納言。』『庶頑讒説，若不在時，侯以明之，撻以記之，書用識哉，欲並生哉！』『協比讒言予一人。』

《詩》：『作此好歌，以極反側。』暴公譖蘇公，蘇公作詩以絶之。『我友敬矣，讒言其興。』『讒口囂囂』『譖言則退』『君子信讒，如或醻之。』『亂之初生，僭始既含。亂之又生，君子信讒。』『盜言孔甘，亂是用餤。進。往來行言，心焉數之。巧言如簧，顔之厚矣。』『萋兮斐兮，成是貝錦。彼譖人者，亦已太甚。哆兮侈兮，成是南箕。彼譖人者，誰適與謀。緝緝翩翩，謀欲譖人。慎爾言也，謂爾不信。捷捷幡幡，謀欲譖言。豈不爾受？既其汝遷。取彼讒人，投畀豺虎。豺虎不食，投畀有北。有北不受，投畀有昊。』『營營青蠅，止于樊。豈弟君子，無

〔一〕今按：『弘』，《四庫全書》本《淮南鴻烈解》作『龍』。

〔二〕今按：『師』，原書作『辭』，誤。

信讒言。營營青蠅，止於棘。讒人罔極，交亂四國。營營青蠅，止于榛。讒人罔極，構我二人。』『雨雪瀌瀌，見晛曰消。』『雨雪浮浮，見晛曰流。』張子曰：『讒言，遇明者當自止。』朋友已譖，不胥以穀。采苓采苓，首陽之巔。人之爲言，苟亦無信。舍旃舍旃，苟亦無然。人之爲言，胡得焉。

《中庸》：去讒，所以勸賢也。

『浸潤之譖，膚受之愬，不行焉，可謂明也已矣。可謂遠也已矣。』《論》。

張俶之伏誅，李晟之伐竹。吴張俶伏誅，發明孫皓淫虐，而張俶以讒譖用，可謂卉之春，而稼之秋矣。未幾，亦以誅死。《綱目》書之，其亦警戒小人也與。唐李晟大安園多竹，或言晟伏兵其間，謀因倉卒爲變，晟伐其竹。

害李晟之功，踣魏徵之碑。李泌曰：『願陛下勿害功臣。李晟、馬燧有大功於國，間有讒之者，陛下萬一害之，則宿衛之士，方鎮之臣，無不憤惋反仄，恐中外之變復生也。陛下誠不以二臣功大而忌之，二臣不以位高而自疑，則天下亦無事矣。』上以爲然。魏徵嘗薦杜正倫、侯君集有宰相才，至是正倫以罪黜，君集謀反誅，上始疑徵阿黨。又有言徵自録前後諫辭以示起居郎褚遂良，上愈不悦，踣所撰碑。發明太宗從諫之美非出於中心之誠，特以好名之故矯揉成之，或面雖悦之而心實不樂，如須殺田舍翁之類，積怒已非一日。如投種於地，有時而發，故身没未幾，譖訴遽行，此其所以輕於踣碑而略無留難者也。

玄宗之信讒，敬宗之察誣。開元八年，旱。優人作魃狀戲於上前，問：『何爲出？』對曰：『奉相公處分。』又問：『何故？』對曰：『負冤者三百餘人，相公實以繫獄，不得不出爾。』上心以爲然。時江、淮間，惡錢尤甚，宋璟使御史蕭隱之括之。嗟怨盈路，貶隱之，罷宋璟。唐敬宗時民間謡云：『緋衣小兒坦其腹，裴字，度字。天上有口被驅逐。』吴字。元濟被度擒。又『長安城中有横亘六岡，如《乾》象，度宅偶居第五岡』。張權譽言度名應圖讖，宅占岡原。敬宗年雖少，悉察其誣謗，待度益厚。

李邑毁班超，令誠譖仙芝。李邑毁班超『擁愛妻，抱愛子，安樂外國』。超嘆曰：『身非曾參而有三至之讒。』遂去其妻。帝知超忠，乃責邑。天寶十四載，宦者邊令誠言高仙芝棄陵地數百里，又盗减糧賜。上遣令誠斬之，仙芝曰：『我遇敵而退，死則宜矣。謂我盗减糧賜則誣也。』書法，以無罪書殺何？令誠譖也。

諸葛亮《梁甫吟》。李太白《鞠歌行》。諸葛亮《梁甫吟》：『步出齊城門，遥望蕩吟里。里中有三墳，纍纍正相似。問是誰家墳？田强古冶氏。力能排南山，文能絶地理。一朝被讒言，二桃殺三士。誰能有此謀？相國齊晏子。』李白《鞠歌行》：『玉不自言如桃李，魚目笑之卞和耻。楚國青蠅何太多？連城白璧遭讒毁。荆山長號泣血人，忠臣死爲刖足鬼。』

杜詩：『青蠅紛營營，風雨秋一葉。』喻光顔素節零落。『貝錦無停織，朱弦有斷弦。』正直遇害。賈至、嚴武。『浦鷗防碎首，霜鶻不空拳。』二子如浦鷗，讒言如霜鶻，既不空拳，期於必中，則鷗有碎首之防。憂讒之態두루아곰젹□□□白『天地有青蠅』，『薏苡謗何頻』，『結舌防讒柄，探腸有禍胎』，『周防期稍稍』。『哆侈不勞文似锦』。樊川。

『已作謗薰天。』山谷。『巧語屢曾遭薏苡』。坡。『困於口舌，不能以忠自明。』李光弼。『孔墨之辯，不能自免於讒諛。』鄱陽。『巧言易信，孤憤難伸。』『詆訶萬端，旁午構扇。』柳。齊閭丘卬曰：『鷄豚讙嗷，即奪鐘鼓之音；雲霞充咽，則奪日月之明。讒人在側，是以見晚也。』《新序》：『衆口相咻，有口難訴。』欒城。『事修而謗興，德高而毁來。』韓。

《十月》，《小弁》。『《十月之交》，刺幽王也。』『無罪無辜，讒口囂囂。下民之孽，匪降自天。噂沓背憎，職競由人。』真德秀曰：『是非顛倒，邪正混淆，此天之所以見□〔二〕也。面則多言以相悦，背則憎疾以相毁，此紛競者，豈非其人乎？』『《小弁》，刺幽王也。』『君子信讒，如或醻之。』《國語》：『褒姒有寵，於是乎與虢石父比而逐宜臼。』虢石父者，讒諂面諛之人也。幽王主之，以爲卿士，聘后棄而内妾立，庶孽寵而嫡長危。

〔二〕今按：疑爲『異』。

《巧言》，《巷伯》。『《巧言》，刺幽王也。』『亂之初生，譖始既涵。亂之又生，君子信讒。』譖者，讒之初。讒者，譖之極。人君杜絶讒邪之道，一曰辨，二曰斷。『《巷伯》，刺幽王也。』『取彼譖人，投畀豺虎。』君德不明，讒言獲售。受此責者，非王而誰？

《何人》《青蠅》。『《何人斯》，蘇公刺暴公也。』『爲鬼爲蜮，即不可得。有靦面目，視人罔極。』《青蠅》：『刺幽王也。』營既□其狀，又象其形也。蠅之飛或往或來，若有所營，而聲又營營不已。喻讒邪之人，朝夕經營，欲陷害人，而言出於口，亦營營然不息也。詩人妙體物情，故形容如此。家有讒則家亂，國有讒則國亂。管蔡流言，四國不靖，乃其驗也。

驪姬之譖公子，虢仲之譖大夫。晉獻公嬖驪姬，驪姬賂外嬖五、東關嬖。五譖群公子而立奚齊，晉人謂之『二五耦』。垦傷晉室，如耦耕垦土。《僖公四年》：『姬謂太子曰：「君夢齊姜，必速祭之。」太子祭于曲沃，歸祚于公。公田，置諸宫六日。公至，毒而獻之。公祭之地，地僨。與犬，犬斃。與小臣，小臣亦斃。姬曰：「賊由太子。」太子奔新城。十二月縊于新城。』《桓十》：『虢仲譖其大夫詹父於王。詹父有辭，以王師伐虢。自直之辭。夏，虢公出奔虞。』

晉三郤之譖。夏寒浞之讒。《成十五》：『晉三郤害伯宗，譖而殺之，韓獻子曰：「郤氏其不免乎！善人，天地之紀也，而驟絶之。」』《襄四》：『魏絳曰：「寒浞，伯明氏之讒子弟也，伯明侯寒。棄之，夷羿收之。」』

楚無極之讒，吳宰嚭之譖。《昭廿七》：沈尹戌言於子常曰：『仁者殺人以掩謗，猶不爲也。今吾子殺人以興謗，而不圖，不亦異乎？夫無極，楚之讒人也。屏王之耳目，使不聰明，今又殺三不辜，以興大謗。」郤氏，陽氏，齊陳氏。智者除讒以自安也，今子愛讒以自危也，甚矣，其惑也！』子常殺無極。吳宰嚭譖子胥，耻謀不用，怨望王伐齊，子胥諫：『願釋齊而先越。』吳王賜子胥屬鏤之劍，子胥仰天嘆曰：『嗟乎，讒臣嚭爲亂矣！』

宋寺人之讒。宋寺人之讒，宋寺人惠墻伊戾爲太子小師而無寵。楚客聘晋，過宋。太子野享，伊戾從之。坎，用牲，加書徵，而騁告平公曰：『太子將爲亂。』公囚太子，乃縊而死。詐爲盟處，爲太子叛證説。宋寺人柳有寵，太子佐惡之，華合比曰：『我殺之。』柳聞之，乃坎用牲埋書而告公曰：『合比將納亡人之族。』平公逐合比。區區小數，隨用輒驗，非爲讒者之工，乃聽者之不聰也。仁宗時，元昊撓邊，邊臣欲間其驍將，乃陳牲酒於野。若聞其將之死而祭之者，祝辭具述交通之由，而悼其不遂。元昊邏者至，則委而去之，是亦坎牲加書之類，其術至淺也。元昊黠虜且墮吾邊臣之計，疑其將而殺之，况平公乎？

衛嬖人之讒，魯嬖人之讒。《哀十四》：衛侯占夢。嬖人求酒於太叔僖子，不得，與卜人告公曰：『大臣在西南隅，不去，懼害。』乃逐太叔。漢武時，丘子明之屬，以卜筮射蠱，因公行誅，破族滅門。近世郭天信之流，受賂薦人，至于卿相，蓋託卜筮也。嗚呼，戒哉。魯平公將見孟子，嬖人臧倉曰：『孟子之後喪逾前喪，君無見焉！』小人之轉移主意，能類如此。

公孫閈之讒田忌，上官大夫之讒屈原。齊將田忌伐魏，三戰三勝，公孫閈操十金於市，曰：『我田忌之人也，吾三戰三勝，欲爲大事，叛也。吉否？』卜者出，因令人捕卜者，驗其辭於王前，田忌遂走。屈原爲左徒，明於治亂，嫻於辭令。嫻，習也。懷王使造憲令，原屬草稾未定，上官大夫欲奪之，平不與，因讒之曰：『王使平爲令，衆莫不知，每一令出，平伐其功。曰：「非我莫能爲也。」』王怒而疏平。王之使平草憲令也，意必假手於平，而俟其成以爲己出，上官大夫窺見此指，故讒之於王，是正觸王之所忌也。

張湯之奏顔異，江充之言太子。漢武時，顔異以廉直至九卿。張湯奏顔異見令不便，不入言而腹非，論死。自是有腹非之法。胡氏曰：『腹非之法，不亦異哉！人心難測，甚於知天。腹之所藏，何從而驗？』戾太子譽少而毁多，黄川蘇文告：『太子與宫人戲。』上益太子宫人。常融言：『太子有喜色。』及太子至，上察其貌有泣處，乃誅融。江充言：『太子宫得木人尤多，又有帛書，不道。』太子亡，至湖，匿泉鳩里，自經。作思子宫，望思臺。真德秀曰：戾園之禍，由江充之讒，所以致讒者，其失有四焉。後宫嬖多，皇后太子寵衰，一也；

蘇文之譖也，增宮人以愧之，二也；自衛后之寵衰，父子之間乖隔，三也；治巫蠱之獄，不屬之他人而屬之充，四也。然四者其事爾，而本原實出於一心，帝由其多欲也，使其以董仲舒正心之言銘諸盤杅，安有是哉？

張由之誣，樊豐之譖。漢哀時，中山王有眚疾。眚疾，妖病也。上遣張由□之，由有狂易病，病發怒去，尚書責由擅去狀。病風喪心。由恐，因誣言中山太后咒詛上及傅太后，王飲藥自殺，死者十七人，張由封侯。班固曰：『讒邪交亂，貞良被害，自古而然。』漢安時，楊震爲太尉，乳母王聖常侍樊豐。分威共權，震上疏切諫，豐等共譖。收震印綬，飲酖卒。真德秀曰：『聽訟不若無訟，辨讒不若無讒。爲人上者，心正意誠，私邪不能蔽。公聽並觀，信任無所偏，則魑魅譬於震震，雨雪消於見晛。雖有讒者，且不敢爲也。』

梁冀之誣李固，荀勖之譖張華。漢質帝時，李固所言，太后從之。梁冀飛章誣奏：李固山陵未成，遠矯舊政。冀致毒，帝崩。免固，殺之。本朝司馬光輔宣仁更安石等新法，而熙豐小人以是譖光，紹述之論興，卒爲宗社之禍。晉武時，張華以文學、才識名重一時，荀勖、馮紞以伐吳之謀疾之。會帝問華誰可託後事者，華對以明德至親莫如齊王攸。勖譖以華都督幽州。譽望益振，帝欲徵之，馮紞侍帝，語及鍾會，曰：『會之反，頗由太祖。』帝曰：『然。』由是不徵華。援朱均以貳極，煽褒閻而偶震，勖之力也。朱均，惠帝。褒閻，賈。斃攸安賈，交勖讎張，紞之罪張華焉。心滔楚費，過逾晉伍。齊王攸德望日隆，紞言於帝曰：『陛下詔諸侯之國，宜從親者始。齊王獨留京師，可乎？』勖曰：『百僚内外歸心齊王。陛下萬歲後，太子不得立矣。』王歐血死。讒邪之徒，巧爲鉗鍵，以固主意；預設機阱，以待人言。

晉賈后之讒太子，周刺史之謡咸陽王。晉惠愍懷太子遹，非賈后所生，乃宣揚太子之短，詐稱帝不預召太子入宫。遣婢陳舞，以帝命賜太子酒三升，使盡飲，大醉。使潘岳作書草，令小婢陳福以紙筆，及稱詔，使書之。太子醉迷不覺草，依而寫之，其字半不成，后補成之以呈張華曰：『此國之大禍，願陛下詳之。』免爲庶人，尋殺之。慶曆中，石介作《聖德詩》，譽富弼，譏夏竦，竦使婢習爲介書。既成，則僞作介與富弼書。勸其交立，播之朝野。二臣者，非遇仁祖之明，其得免乎？英宗踐位，有惡蔡襄而譖之者曰：『仁祖選上爲皇嗣，襄嘗沮之也。』上頗怒襄，歐陽修言：『臣在先朝有僞爲臣疏，請沙汰宦者，欲以激怒左右。陛下果嘗見書，猶當辨其真僞，况傳聞乎？』英宗於是釋然。元符小人亦僞爲諫書以陷鄒浩，文曰：『陛下宜自了，中宫又宜自了。不自了，不自了，吾當入了之，吾當手了之。』北齊僕射祖珽勢傾朝野，咸陽王斛律光惡之。女侍中陸令萱子穆提婆，求牧羊於帝，光争之，不與。光身不脱介胄，常爲士卒先，結髮從軍，未嘗敗北。周勛州刺史韋孝寬，密爲謡曰：『百升飛上天，明月光字照長安。』又曰：『高齊姓。山不摧自崩，槲木不扶自舉。』令諜人傳於鄴，鄴中小兒歌之，珽續之曰：『盲老公背受大斧，饒舌老母不得語。』奏之，帝問珽，珽曰：『百升者，斛也。盲老公，臣也。饒舌老母，女侍中陸氏也。且斛律纍世大將，聲震關西，威行突厥，謡言可畏也。』召光，殺之。周主聞光死，大赦。後六年，周滅齊。

魏徵阿黨見上，宋璟魃戲。真德秀曰：『魏洪簡將引元禛而誦其詩於宫中，優人之魃戲於上前，是不薦之薦也，是又不毁之毁也。』宣和中，王黼、蔡攸以大臣入侍禁中，每因謔浪中人，無不售者。奸讒之伎，千古一律。

陸贄之奏，逢吉之謗。唐德宗使人諭陸贄曰：『苗粲父晋卿，往年攝政，有不臣之言，諸子皆與古帝王同名。』贄奏曰：『凡是譖愬之輩，多非信實之言，利於中傷，懼於公辯。』趙堯、李舜未聞爲逆於當時，王莽、曹操不假襲於前代。仁皇時，宋郊以名儒進，有讒之者曰：『姓符國號，名應天郊。』郊不自安，易名曰「庠」。』然仁皇未嘗疑之，而不命之相也，所以爲奏君與。

民間謡云：『緋衣小兒坦其腹，天上有口被驅逐。』見上緋衣之謡。必時人美平吴之功而以俚語歌之，亦猶薛仁貴之定天山而有三箭之謡也，逢吉等乃用以爲謗，張權輿者又從而詆之。逢吉、權輿奸險相濟，所謂『八關十六子』也。以上論憸邪罔上之情。

辨謗

將軍之辨，李翰之表。晋大司馬冏疑陸機爲趙王倫撰禪詔，收，欲殺之，大將軍爲辨理。張巡死睢陽，人娼其功，以爲降賊。李翰傳巡功狀，表之肅宗，由是感悟，而巡大節白於世。

『前之謗我於宰相者，翰林不知也；後之謗我於翰林者，宰相不知也。』韓。

醉尉呵怒，窮況揶揄。回槁木寒灰於既死，起游魂白骨而再生。舉有竊鈇之態，動成投杼之疑。吏奸雜治，知繫影之無端。口語横生，信吠聲之可畏。事遭非意，蹊田乃至於奪牛。訟欲自明，穿獄誰知其無角。衆怒所遷，幾類水中之蟹。一揮而去，有同瓜上之蠅。市三傳而有虎，誰爲釋疑？墨一誤而成蠅，卒蒙觀過。補壞墻而翁怒，自干非意之誣。東蘊火而婦還，更冒曲成之造。告曾參而三至，理或可疑。畏楊震之四知，心無甚愧。鬼劈口而妄出瞽言，天奪魄而仰膺震怒。提煢煢溝壑之身，出洶洶風波之地。

毁譽

魯人之誦，鄭人之誦。孔子攝行相事，其初人謗曰：『麛裘而韠，投之無戾。韠之無裘，投之無郵。』三月政成化行。民誦之曰：『衮衣章甫，實獲我所；章甫衮衣，惠我無私。』《家語》子産從政一年，譽人誦之曰：『取我衣冠而褚之，取我田疇而伍之。畜。孰殺子産，吾其與之。』及三年，又誦之曰：『我有子弟，子産誨之。我有田疇，子産殖之。子産而死，誰其嗣之？』劉恕曰：『彼一聖一賢，猶得民。猶得民，若此之難也。』後之爲政，善惡興於愛憎之口，毁譽出於狡獪之吏，非至當論也。

季布一譽而一毁，王尊乍賢而乍佞。漢文帝召河東守季布，欲爲御史。有言其使酒難近者，見罷。布因進曰：『陛下無故召臣，此人必有以臣欺陛下者。今臣至，無所受賜，此人必有毁臣者。夫以一人之譽而召臣，以一人之毁而去臣，臣恐天下有識聞之，有以窺陛下之淺深也！』胡胡縣姓。三老、公乘興名。等訟王尊曰：『昨以京師交亂，選用爲卿，即以巧佞廢黜。一尊之身，三期之間，乍賢乍佞。』復爲徐州。

王昶之戒，杜恕之疏。王昶《戒子》曰：『毁譽，愛惡之原，而禍福之譏，不可輕也已。

有可毁則彼言當矣，無可毁則彼言妄矣。當則無怨於彼，妄則無害於身，諺曰：「救寒莫如重裘，止謗莫如自修。」』杜恕疏曰：『有疏者毁人而陛下疑其私報所憎，譽人而陛下疑其私愛所親，左右或因之以進憎愛之説，遂使疏者不敢毁譽，至於政事損益，亦有所嫌。』

宋周朗之疏，文中子之言。宋周朗疏曰：『俗好以毁沈人，不知察其所以致毁；以譽進人，不知測其所以至譽。毁徒皆鄙，則遭毁者宜擢；譽黨皆庸，則得譽者宜退。如此，則毁譽不妄，善惡分矣。』文中子：教授賈瓊問：『河汾息謗？』通曰：『無辨。』通曰：『聞謗而怒者，讒之囮也；見譽而喜者，佞之媒也。鳥媒。絶囮去媒，讒佞遠矣。』

《淮南子》：唐子短陳駢子於齊威王，陳駢子與其屬出亡奔薛。孟嘗君問之，曰：『夫子生於齊，亦何思於齊？』對曰：『臣思夫唐子者。以身歸君，食芻豢，飯黍粱，服輕暖，乘牢良，臣故思之。』此謂毁人而反利之者也，是故毁譽之言，不可不審也。又『使人高賢稱譽己者，心之力也；使人卑下誹謗己者，心之罪也』。

京房對曰：『末世以毁譽取人，故功業交而致灾異。』

《論》子曰：『吾之於人也，誰毁誰譽？如有所譽者，其有所試矣。』

叔孫武叔毁仲尼，子貢曰：『仲尼不可毁也。』杜牧詩曰『有人毁仲尼』是也。

《孟》：『有不虞之譽，有求全之毁。』

名譽

《書》：『罔違道以干百姓之譽』，『舊有令聞』，亦有無窮之聞。

《詩》：『是以有譽處兮』，『令聞不已』，『亦不隕厥問』。

《中》：『是以聲名洋溢乎中國。』

《論》子曰：『君子疾没世而名不稱焉。』范氏曰：『君子學以爲己，不求人知。然没世而名不稱焉，則無爲善之實，可知矣。』

子張問：『士何如斯可謂之達矣？』子曰：『何哉，爾所謂達者？』子張對曰：『在邦必聞，在家必聞。』子曰：『是聞也，非達也。夫達也者，質直而好義，察言而觀色，慮以下人。在邦必達，在家必達。夫聞也者，色取仁而行違，居之不疑。在邦必聞，在家必聞。』朱子曰：『内主忠信，而所行合義〔一〕。審於接物而卑以自牧，皆自修於内，不求人知之事。然德修於己而人信之，則所行自無窒礙矣。』又曰：『善其顔色以取於仁，而行實背之，又自以

〔一〕 今按：『義』，朱熹《論語集注·顔淵》作『宜』。

爲是而無所忌憚。此不務實而專務求名者，故虛譽雖隆而實德則病矣。』故聲聞過情，君子耻之。』

《孟》：『苟爲無本，七八月之間雨集，溝澮皆盈，其涸也可立而待也。故聲聞過情，君子耻之。』

杜詩：『浮名尋已已〔一〕。』『成名異魯連。〔二〕』李白詩：『桃花開東園，含笑誇白日。偶蒙東風榮，生此艷陽質。豈無佳人色，但恐花不實。宛轉朱〔三〕火飛，零落早相失。詎知南山松，獨立自蕭瑟。』士無實行，寵衰則棄，孰若君子，獨立不改。

杜詩：『美名光史臣。』『榮名忽中人。』『幽居不用名。』『名豈文章著。』『名因賦頌雄。』『飛騰戰伐名。』『諸葛大名垂宇宙。萬古雲霄一羽毛。〔四〕』『揚聲名於萬古，比雲間之飛鳥。』『蒼生起謝安。』『安石名高晋。』『李邕求識面，王翰願卜鄰。』『海内知名士。』『美名人不及。』『高名入竹帛。』『博采世上名。』『名與日月懸。』『人傳世上名』。

《左傳·襄公廿四》子産曰：『夫令名，德之輿也。德，國家之基也。有基無壞，無亦是

〔一〕今按：杜詩原句：『浮名尋已已，懶計卻區區。』

〔二〕今按：杜詩原句：『逐性同漁父，成名異魯連。』

〔三〕今按：『朱』，《全唐詩·李白》作『龍』。

〔四〕今按：杜詩原句：『諸葛大名垂宇宙，宗臣遺像肅清高。三分割據紆籌策，萬古雲霄一羽毛。』

務乎？有德則樂，樂則能久。』

《禮記·仲尼閑居》子曰：『三王之王也，必先其令聞。《詩》云：「明明天子，令聞不已。」三代之德也。』

《傳》曰：『喜名者必多怨，名興則道不用。』

名過其實則損，君子名不貴苟傳。盜蹠吟口，名聲若日月，與舜禹俱傳而不息。君子不貴者，非禮義之中也；僥幸者，伐性之斧也；嗜欲者，逐禍之馬也；謾誕者，趨禍之路也；毀於人者，困窮之舍也；是故君子不僥幸絶嗜欲，務忠信無害於人，則名聲尚存，稱爲君子。《韓詩外傳》。

譽望

人龍，登龍。晋馬岌謂宋纖『人中龍』。李膺，士被容接，名『登龍門』。

暴公子威名，山人索價高。暴，勝之。李渤。

小冠杜子夏，大冠杜子夏。杜欽、字子夏，目盲。杜鄴同姓字。俱以才稱，謂欽『盲杜子夏』、『欽小冠』。謂『小冠子夏』，『大冠子夏』。

趙子餘以儒顯，李朝隱以文法稱。唐人或問優劣，陳嵩業曰：『蘭菊異芬，胡有廢者？』

季布一諾，鄭莊好士。楚諺：『得黄金百斤，不如得季布一諾。』鄭當時以任俠自喜，聲聞梁楚之間，山東翕然稱鄭莊『好士』。

尹翁歸，甚得名譽於朝廷。王夷甫口中雌黄，朝野謂之一世龍門。

『深源不出，當如蒼生何？安石不出，當如蒼生何？』殷浩爲風流宗，謝安有公輔之望。

唐裴垍：『視其進退，卜時之臧否。』郭子儀：『以身爲天下安危。』

張九齡，天下称『曲江公而不名』。元德秀，天下高其行，謂之元魯山。

威儀德業，侔於子儀。身繫安危，名震四夷。裴度。

我有唐邕是金城，士歸重称贊皇公。北齊主云云。李栖筠，初封贊皇公。

北斗以南，一人而已。狄仁傑。

天下浩然歸重。房玄齡、杜如晦。

唐有第一人。李揆。

海内共推一人。吴世基。

一言一行天下以爲準的。賈彪。

門地人物當世第一。李揆。

堂堂人之領袖。魏舒。

儒家惟有《孟子》。《孟子序》。

風流樂廣，王衍爲稱首。太学推頌，何蕃不敢與齒。

先生天下士。魯連。

名聲籍甚。陸賈。

四皓采榮於商山。《揚雄傳》。

聞望與此山俱傳。《羊祜傳》。

少而流聲，長而垂名。

江淮草木亦知威名。張萬福。

海内大儒之望。盧尚書。

宋田夫野老號司馬，婦人孺子知君實。

學者相語稱先生，不問可知爲胡公。安定。

蘇門四學士，蘇軾。黄庭堅、秦觀、張耒、晁補之。學者宗二宋。宋庠、宋祁。

子瞻有盛名，君實過其名。論天下賢者，必曰君實、景仁。

『精日月俱懸，鬼神争奥。』『孝敬之準式，人倫之師友。』《選》。『昭昭若三辰之麗乎天，日月不息；滔滔猶四瀆之紀乎地，師表常尊。』『聲出區宇，名流海内。』《通鑒》。

『馳驅屈宋，鞭撻揚馬。』《李白集》。

萬世所共尊，天下所共傳。歐陽《書韓文後》。

『齊名字於天地兮，並光明於日〔一〕星。』《楚辭》。

『揚聲紫微，垂名虹蜺。』

『金聲玉振，寥亮於區宇。』

『蘭桂有芬，清輝自遠。』

美聲塞宇宙，名稱垂竹帛。《魏文選》。

『芳烈奮於百世，令聞顯於無窮。』

『養聲譽於衆多之口。』駱。

『流聲實於天朝。』韓。『赫然千載，德譽愈尊。』

『聲氣朗徹。』

高韵冠于一時。劉賓客。

〔一〕今按：『日』，《楚辭章句》中作『列』。

『茂實葳蕤，榮聲洋溢。』李元賓。

入朝際天知德音，擅美一時，流譽千載，何以得此聲於天壤之間？·《唐文》。

榮聞，清光。唐姚崇碑：榮聞日流。杜牧：後進承望清光。

『赫赫乎，洸洸乎，功業逐日而新，名聲隨風而流。』《韓》。

『知〔一〕金玉在佩，動而有聲。』白。

《詩》：『聲華夾宸極，早晚到星躔。』

激揚聲韵徹，籍甚衆多推。

『流聲馥秋蘭。』潘正叔。

『名流襲蘭麝。』元稹。

『清風激萬代，名與天壤俱。』《選》。

『高名動京師，天下皆籍籍。』李。

『高價騁琳琅。』

『名聲逼揚馬。』劉賓客。

〔一〕今按：知，《翰苑新書》中記載『白樂天文如金玉在佩』，『知』疑爲『如』。

『名與日月懸。』唐文。

『騶吴不虚來，鸑鷟有時鳴。白日懸高名。〔一〕』李。

『李舟名父子，清峻流輩伯。十九授校書，二十聲輝赫。』白〔二〕。

『名香播蘭蕙，價重藴瓊瑶。』岑參。『問君今年三十幾，能使香名滿人耳。』

氣塞兩間，名高九牧。文啓夕秀，譽高月評。天地間氣貴名揭日，宇宙大名爽氣横秋。夷狄每問潞公之年貌，兒童且識君實之姓名。聲名重於朝廷，言語妙於天下。喬木參天之閥閲，靈芝瑞世之才名。太學久聞何蕃之名，諸儒無出賈生之右。於漢蓋符融、郭林宗之比，在唐則何蕃、歐陽詹之流。人皆言見夷吾夫復何憂，帝亦謂倚裴度足以破賊。蜚英騰茂，冀之北群馬遂空。絶類離倫，斗以南一人而已。太學諸生誰敢與何蕃之齒，四海進士皆知以子産爲師。

〔一〕　今按：杜詩原诗：『騶吴不虚來，鸑鷟有時鳴。安知天漢上，白日懸高名。』

〔二〕　今按：杜詩原诗：『李舟名父子，清峻流輩伯。人間好少年，不必須白晰。十五富文史，十八足賓客。十九授校書，二十聲輝赫。』又按此爲杜甫詩句，『白』字疑誤。

聞望 林駉

周人用賢之法，因民之所自擇而遂使之入長出治。孟子用賢之術，殉人之所共賢而徐加採擇。有父天下而號天下之大父者，有子一邑而得天下之大名者，景星鳳凰睹者爲快，太山北斗望之悚然，以己用人庸或不宜，因衆用望無往不濟。

衆望在循吏，則用召父杜母，吏民稱誦，郡國向治焉。衆望在舊士，則用顧榮、賀循以結人心，江東歸心焉。

衆望以節義爲重，李固風裁，士夫多慕李膺，龍門登者爲榮；衆望以得勛爲重，裴度碩德，幽鎮自臣子儀，元勛回紇下馬。

衆望在逸民也，故諸葛起草廬，謝安起東山。衆望在世臣也，故山甫纘戎，諸侯息兵。嗚呼！汲黯在朝，淮南寢謀，干木處魏，諸侯息兵。

文富天下，聞名久矣，一朝拜相，搢紳之流至相慶賀。韓范天下知名久矣，一朝出鎮，骨寒之謡傳播軍中。徂徠之詩，膾炙人口，小范之名，聞者起敬。

温公入朝，人皆望治，何者？兒童走卒皆識司馬。張公登揆，再植中天，何者？小兒婦母皆知都督。

『無地起樓臺』之詩流布北虜，至勤咨問。寇準『長嘯却胡騎』之賦傳誦高麗，至問安否。范鎮。

曹公在天雄，虜使一過不敢疾驅；王公莅大名，虜使入境沐浴潔服。劉安世在宋，市井細民皆知有劉待制。陳瓘過越，田夫野老皆知有陳瑩中。不然，眼釘之謡天下所惡，距脱之詩士夫鄙之。知衆之所惡者如此，又知所好者如彼。

名實　虚實

《淮南子》：『天下多眩於名聲，而寡察其實。是故處人以譽尊，而游者以辯顯。察其所尊顯，無他故焉，人主不明分數利害之地，而賢衆口之辯也。治國則不然，言事者必究於法，而爲行者必治於官。上操其名以責其實，臣守其業以效其功。言不得過其實，行不得逾其法。群臣輻輳。庶功日進。』

『子夏曰：「實之與實，如膠如漆；虚之與虚，如薄冰之見晝日。」』《韓詩外傳》。

杜詩：『君不見益州城西門，陌上石笋双高蹲。古來相傳是海眼，苔蘚食盡波濤痕。

雨多往往得瑟瑟，此事恍惚難明論。』『嗟爾石笋擅虚名，後生未識猶駿奔。安得壯士擲天外，使人不疑見本根。』

李詩《繫尋陽上崔相渙》：『毛遂不墮井，曾參寧殺人。虚言誤公子，投杼惑慈親。白璧双明月，方知一玉真。』士贇曰：『按此一首詩乃是全檃括葛洪《西京雜記》一段之語，今録于此，曰：「漢杜陵秋胡者，能通《尚書》，善爲古隸字，爲翟公所禮，欲以兄女妻之。或曰：「秋胡已經娶而失禮，妻遂溺死，不可妻也。」馳象曰：「今之秋胡，非昔之秋胡也。」昔魯有兩曾參，趙有兩毛遂。南曾參殺人見捕，人以告北曾參母，母見以疑。野人毛遂墮井而死，客人告平原，平原君曰：「嗟乎！天喪予！」既而知野人毛遂，非平原君客也。豈得以昔之秋胡失禮而絶昏今之秋胡哉？物固亦有似之而非者：玉之未理者爲璞，死鼠未屠者亦爲璞。月旦之爲朔，車之旃亦謂之朔。名齊實異，所冥辨也。』太白引此事者，亦自況其遭誣耳。

一銜枚氏，銜枚止言語囂。

《周禮》：『銜枚氏掌司囂。國之大祭祀，令禁無囂。軍旅、田役、令銜枚、禁囂呼嘆嗚於國中者，行歌哭於國中之道者。』

説 釋也，告也

《易》：『咸其輔頰舌，滕口説也。』

《論》：『道聽而塗説，德之棄也。』雖聞善言，不爲己有，自棄其德。

《韓詩外傳》：『君子説不貴苟察，山淵平，天地比，入乎耳，出乎口，鈎有鬚，卵有毛，此説之難持者也，而鄭析、惠施能之；君子不貴者，非禮義之中也。』

『好説而不見諸仲尼，説鈴也。』鈴小聲，小説不合大雅。《揚子》。

『放淫辭，邪説者不得作。』《孟》。

口

『口，人之所以言食也。』《説文》。

『口者，機關也，所以門（開）閉情意也。可以食，不可以言。』《鬼谷子》。

周生《列子》：『口者，言之門。』

口爲華池，尹氏解口以下動。烈祖曰：『夫口以下動，乃能制物；鐵鎖爲用，亦噬嗑之意，而從上下，何也？』申弼答曰：『口之下動，上使下也；鐵鎖之用，上斬下也。』《燕書》。

『軍營之中有甘泉，軍營，口也，甘泉，唾也。』《養生經》。

《易》：『兑，爲口舌，兑爲口。兑上拆口象，故爲口舌。』

『惟口出好興戎。』《大禹謨》。凡爾衆，度乃口。《盤庚》。

惟口起羞。其發有逸口。

《詩》：『蛇蛇碩言，出自口矣。』

《書》：『無以利口，亂厥官。』『否則厥口咀咒。』『商俗靡靡，利口惟賢。』『予恐來世以台爲口實。』《仲虺之誥》。

《易》：頤，貞吉，自求口實。象，自求口實，觀其自養也。咸其輔頰舌，滕口説也。困，象有言不信，尚口乃窮也。欲以口免困，乃所以致窮也。

『口之於味，有同嗜也。易牙先得我口之所嗜者也。是天下之口相似也。』

《論》：『禦人以口給，屢憎於人。』

防民之口，視君之口。厲王監謗，召公曰：『是障之也。防民之口，甚于防川。是故爲川者決之使導，爲民者宣之使言。夫民應之於心而宣之於口，成而行之，胡可壅也？』《國語》。東郭曰：『君子善謀，小人善意。臣視二君在堂上，口開而不闔，是言莒也。』《管子》。金人緘口，田駢天口。孔子觀周有金人焉，三緘其口而銘其背。田駢游稷下，好談論，號『天口』，言不可窮盡。《七略》。

蜀主大口后主衍。《五代史》。

老子方口，孔子海口。《李母碑》曰：『老子方口。』《瀨鄉記》。『孔子海口，言若含澤。』《援神契》。

『子貢山庭斗繞口，謂面有三庭，言山在中鼻高有異相也。故子貢至孝，顔淵至仁。』《論語・摘輔相》。

亞夫指口，理入口。周亞夫爲河内守，許負相之曰：『當封侯而餓死。』負指其口曰：『從理入口，餓死法也。』《漢書・班固賦・許相理而鞠條》。

始皇虎口。《河圖》。王莽哆口。《漢書》。

馬后方口，孫權大口。明德馬后，方口美髮。《東觀漢記》。孫權大口，堅異之以爲有貴相。《江表傳》。

韓非口吃而善著書。《史》。相如口吃而善著書。《漢書》。

周昌口吃，揚雄口吃。『周昌口吃，高帝欲廢太子，昌曰：期期知不可，期期不奉詔。』

《漢書》。『揚雄口吃不能劇談，而好深湛之思。』

鄧艾口吃，焦度口吃。鄧艾口吃，語称『艾艾』，晉文王戲之曰：『卿云艾艾，定是幾艾。』對曰：『鳳兮鳳兮，故是一鳳。』《世説》焦度口吃求竟陵太守，親人授之百餘言，臨時卒忘乃大言曰：『度啓公度啓公度無食。』帝笑曰：『何憂無食，賜米百斛。』《南史》。

鄭偉性吃，崔思海口吃。後周鄭偉性吃，逐鹿於野，失之。過牧豎而問，其言亦吃，謂其效己，遂射殺之。唐華原令崔思海口吃，每共表弟杜延業遞相戲弄，杜嘗語崔云：『延業遣兄作鷄鳴。』既而旁人共杜私賭，杜將一把穀來崔前去，『此是何物？』崔云：『穀穀。』旁人大笑，因輸延業。《啓顔録》。

丁棱口吃，孫晟口吃。唐世進士及第，放榜訖則須謁宰相，導答詞語，一出榜元，盧肇首冠，有故不至。次乃丁棱，棱口吃，本言棱等登科，乃曰：『棱等登，科等登。』翌日，友人戲之曰：『聞君善箏，可得聞乎？』棱曰：『無之。』友人曰：『昨聞棱等登，科等登，豈非箏聲耶？』《玉泉子》。孫晟口吃，遇人不能道寒暄，已而坐定，談辯風生。《南唐》。

明帝口吃，王汾口吃。明帝口吃小〔二〕言，沈毅好斷。《魏氏春秋》。王汾口吃，劉攽嘲

〔二〕 今按：『小』，《古今事文類聚》中作『少』。

曰：『恐是昌家，又疑非類。不見雄名，唯聞艾氣。』以周昌、韓非、揚雄、鄧艾皆吃也。《倦游録》。

口如方器，闢而不張。李雄相工曰：『口如方器，位必過三公，不疑也。』《蜀書》。仇璋曰：『吾視其口，敦如也，闢而不張。』程元曰：『是王通者也。』《文中子》。

毋取口鋭，遂病口臭。哀公問取人之法，孔子對曰：『毋取口鋭者。口鋭者，多誕而寡信，後恐不驗也。』《家語》曰：『無取哼哼……哼哼，誕也。』越王勾踐入臣於吴，吴王病，入問病，適遇吴王之便，太宰嚭奉溲惡以出，勾踐奉便與惡而嘗之，遂病口臭。范蠡令左右食岑草以亂氣。《吴越春秋》。

口尚乳臭柏直，口無擇言龍伯高。

刁存口臭，梁祖口臭。桓帝時，侍中刁存，年耆口臭，上出鷄舌香，使含之。《漢官儀》。庾信賦：『始含香於建禮。』梁高祖重陳郡，謝玄微詩曰：『不讀謝詩三日覺口臭。』《談藪》。

口中雌黄，口多微辭。王衍善談老莊，義理有所不安，隨即更改，世號『口中雌黄』。《晋書》。宋玉、唐勤讒之於王，王曰：『口多微辭，不亦薄乎。』玉曰：『口多微辭，聞之聖人。』宋玉《風賦》。

食不知處，唯宜飲酒。司馬流與蘇峻戰，食不知口處。謝朏爲吴興守，與弟瀹送别，指淪口曰：『此中唯宜飲酒。』《南史》。

口吃無華詞，酧舉精悉。崔慰祖。

但恨有口過不許學士。宋之問，天后朝求北門學士，不許，作《明河篇》以見志，則天曰：『非不知有奇才，但恨有口過耳。』口過，口臭也。

木丸窒口，士方鉗口。郝象賢爲太子舍人，後銜處俊，因事誅之，臨刑，極駡。自是刑人必先以木丸窒口云。元載懼朝臣論奏其短，乃請：百官論事，先白長官，長官白宰相，然後上聞。顔真卿疏曰：『天下之士方鉗口結舌云云。』《唐書》。

《傅子口銘》：『神以感通，心由口宣。情莫多妄，口莫多言。病從口入，禍從口出。存亡之機，開闔之術。』

皋陶馬喙，勾踐烏喙。《淮南子》：『皋陶馬喙，是謂至信。决獄明白，察於人情。』《范蠡書》：『越王爲人，長頸烏喙，可與共患難，不可與共安樂。』

《表記》子曰：『口惠而實不至，怨灾及其身。君子不失口於人，言足信也。』子曰：『君子不以口譽人，則民作忠。』

《孟》貉稽曰：『稽大不利於口。』孟子曰：『無傷也，士增兹多口。』〔一〕

《僖廿四》富辰曰：『口不道忠信之言爲嚚，狄皆則之。』《左・隱》鄭伯曰：『寡人有弟，糊其口於四方。』《成二》晋人曰：『若苟有以藉口，而復命於寡君。』

烏啄其口，流血至地。陳司馬申譖毁朝士，晝寢尚書省，烏啄其口。

其言吶吶，不能出口。魏高允。

漁人溺於波，君子溺於口。《山谷》。

君家元緒不慎口，遂與老桑同一朽。陳禾。

閉口八年，閉口而死。魏主曄陽得瘖疾，閉口八年。秦王堅嘆曰：『吉祖冲閉口而死，何晋氏之多忠臣也。』

張興鋸殺，駡不絶口。思明。

杲卿比死，駡不絶口。禄山。

杜牧詩：『到口却成呑。』

〔一〕今按：『利』『增』，《孟子・盡心下》中華書局版作『理』『憎』。

舌

尹氏解：『舌者機。』

舌在口，所以言别味也。

《釋名》：『舌，泄也，舒泄所當言也。』『舌者，和之候也。』《養性注》。

《易》：『兑爲口舌。』

《詩》：『莫捫朕舌。』

『舌之爲言，達也。陽立於三，故舌在口中者長三寸，象斗。玉衡陰合有四，故舌淪入溢内者長七寸〔一〕。』《元命包》。玉衡，三星也。魁，四星也。宋均注。

張良三寸舌爲帝師，酈生三寸舌下齊城。

杲卿罵舌，賈逵耕舌。

馮道藏舌，若敦刺舌。馮道：『口是禍之門，舌是斬身刀。閉口深藏舌，安身處處牢。』

〔一〕今按：『長七寸』，《四庫全書》本《元命苞》中此處爲『長四寸』。

周中州刺史賀若敦，湘州之役全軍而返，謂宜受賞，翻得除名，對臺使出怨言。宇文護令自殺，臨死，謂其子弼曰：『吾志平江南，今而不果，汝必成吾志，吾以舌死，汝不可不思。』因引錐刺弼舌出血以戒之。

斗爲天之喉舌，尚書爲君之喉舌。杜甫詩：『北斗司喉舌。』

張儀之舌，毛遂之舌。張儀從楚相飲，楚相亡璧，執儀笞數百，妻愠有語，儀張口曰：『視吾舌尚在否？』平原君定從歸曰：『毛先生以三寸之舌强於百萬之師。』《史》。

杜：『却假蘇張舌，結舌防讒柄。』文山《正氣歌》：『爲顔常山舌。』見上。

酒入者舌出，舌出者言失。齊桓飲酒，管仲棄酒，曰：『臣聞酒入者舌出，舌出者言失，言失者身棄，臣計棄身不如棄酒。』《説苑》。老子問疾，常樅張口曰：『吾舌存乎？』老子曰：『然。』『吾齒存乎？』老子曰：『亡。』常樅曰：『子知之乎？』老子曰：『舌之存也，豈非以其柔耶？齒之亡也，豈非以其剛耶？』上。老子曰：『學於常樅，見舌而守柔，仰視屋樹，因川觀影，退而知持後。』《文子》。

退之詩：『自從牙齒折，始信舌爲柔。』

韓平子問曰：『剛與柔，孰堅？』叔向對曰：『臣年八十矣，齒再墮而舌尚存。』

老聃曰：『天下之至柔，馳騁乎天下之至堅。』又曰：『人之生也柔弱，其死也剛强。柔弱者生之徒也，剛强者死之徒也。吾是以知柔之堅於剛也。』《説苑》。

老萊子曰：『若子事君，將何以爲乎？』子思曰：『順吾性情以道輔之。』老萊子曰：『不可順子之天性也。子不見夫齒乎，齒堅剛年盡相磨，舌柔順終以不弊。』子思曰：『吾不能爲舌，故不能事君。』《孔叢子》。

孔子舌理七重，梁帝舌文八字。仲尼舌理七重，陳機授度。《孝經鈎命契》。梁武帝舌文八字。《南史》。

以舌舐血，咋舌流血。顔真卿曰：『先中丞盧杞父弈傳首至平原，真卿以舌舐面血。盧杞瞿然起拜，而恨之益深。』曹操與劉備密言，備泄於袁紹，操自咋其舌流血以失言戒後世。《英雄記》。

沈子正之舌妙，殷仲堪之舌强。沈友，字子正，弱冠博學，又辯於口。《咸言》。筆之妙，舌之妙，刀之妙。《吴録》。殷仲堪云：『三日不讀《道德經》，但覺舌本間强。』《郭子》。

南都王之舌短，王法朗之舌長。『南都王義宣，生而舌短，言澀。』《宋書》。『夔州道士王法朗，舌長，呼字不正，日誦《道德經》，後夢老君剪舌。』《唐書》。

斷舌示人，取舌復合。永嘉中，天竺胡人。《搜神記》。

渾頭可斷，舌不可禁。柳渾云云。《唐書》。

生毛之舌，辯士之舌。馮延巳鎮臨川，聞朝議除替，一夕，夢舌生毛，有僧解之曰：『毛生舌間，不可剃也。』傳曰：『鳥之美羽勾琢者，鳥畏之；魚之侈口垂腴者，魚畏之；人之利口贍舌者，人畏之。是以君子避三端：避文士之筆端、避武士之辭端、避辯士之舌端。』《韓詩外傳》。

婦有長舌，綺語兩舌。

舌神通命字正倫。《内經》。

舌神名始梁峙，字道岐。

唇

唇，緣也，口之緣也，野（吻）免也。入則碎，出則免也。又取故（拉）也，嗽唾所出，恒加拉拭，因以爲名也。《釋名》。

咠，謂之吻，口旁曰咠。

唇者舌之藩，周生《列子》唇者齒之垣。唇者齒之垣，所以扶神設端，若有列星，外有限，故曰『唇亡齒寒』。《元命包》。

孔子斗唇，梁帝鎖唇。孔子斗唇，吐教陳機授度。《孝經鈎命契》。滕蛇鎖唇，梁武飢亡臺城上。滕蛇，法令紋也。《神異賦》。

令下不便，不應反唇。張湯治，顔異云：『令下不便，異不應微反唇。』奏異，不入言而腹誹。

能弄唇吻，實無才略。樊伷顧。

方干唇缺。方干爲人唇缺，有司以爲不可與科名，隱居鑒湖。後數十年，遇醫補唇，年已老矣，人號曰『補唇先生』。性好侮人，與龍丘李主簿同酌，李目有翳，譏曰：『措大喫酒點鹽，軍將喫酒點醬。只見門外著籬，未見眼中安障。』李答曰：『措大吃酒點鹽，下人吃酒點鮓。只見手臂着欄，未見口唇開袴。』《摭言》。

魏咏之字長道，生而兔缺，善相者曰：『卿當富貴。』年十八，聞荆州刺史殷仲堪帳下有醫能療，賫數斛米，投殷仲堪，召醫視之，醫曰：『可活而補之，但須百日進粥，不得笑語。』仲堪於是處之別屋療之，遂閉口不語，惟食薄粥。《晋書》。

吻

吻吻，口过邊也。

潤吻，燥吻。盧同歌：『一碗喉吻潤。』坡：『諸儒不復憂燥吻，東官賜酒如海泉。』

喉 咽喉

轉喉，擣喉。《乞巧文》：『轉喉觸諱。』《左·文十二》：『敗狄于鹹，獲長狄僑如。擣其喉，殺之。』

弦管沸歌喉，新簧轉巧喉。嘗雪入喉，臨風把酒轉歌喉。

嘯

嘯，蹙口出聲以舒憤懣之氣。雜字解詁曰：『嘯，吹聲也。』《詩》：『其嘯也歌。』條其嘯矣。

抱膝長嘯，諸葛亮登樓清嘯。劉琨。

舒嘯，坐嘯。陶潛辭：『登東皋以舒嘯。』南陽語曰：『弘農成瑨但坐嘯。』

鸞鳳嘯，霹靂嘯。阮籍善嘯，聞聲數百步。蘇門山中，忽有高人，孫登也。步兵往觀，嘐然長嘯，退至半嶺，聲若鸞鳳音，如數部鼓吹，林谷轉響。《魏氏春秋》峨眉山陳道士善嘯，作霹靂聲，聞者驚竦。《見聞録》。

承風而嘯，劃然長嘯。晋成公綏當暑，承風而嘯泠然成曲。《坡賦》。劃然長嘯，草木震動，山鳴谷應，風起水涌。

登臺而嘯，倚門而嘯。吴王闔廬將欲伐楚，登臺向南風而嘯，子胥深知王憂，乃薦孫武。《吴越春秋》石勒倚上東門長嘯，王衍識其有異。

室女悲嘯，國人善嘯。魯室之女倚柱而悲嘯曰：『憂吾君老，太子少也。』《列女傳》西方有因霄之國，人皆善嘯，丈夫嘯聞百里，婦人嘯聞五十里。秋冬則聲清亮，春夏則聲沉下。《拾遺記》。

智一之嘯，赭衣之嘯。劉宋時釋智一者，居靈隱寺之半峰，善長嘯，如吹茄葉，若揭游絲，徐舉徐揚，載哀載咽，飅飅凄切，聽者悲凉，謂之哀松之梵。《宋高僧傳》李翱守廬江，有重囚當刑，乃哀鳴曰：『某有薄技，乃長嘯也。』乃命釋械，俄而清聲上徹雲漢。公曰：『不謂蘇門之風出于赭衣之下，即赦其罪。』《孔帖》。

《嘯賦》：成公綏『逸群公子，體奇好異，傲世忘榮，絶棄人事。邈跨俗而遺身，乃慷慨而長嘯。發妙聲於丹脣，激哀音於皓齒。響抑揚而潛轉，氣衝鬱而熛起。協黄宫於清角，雜商羽於流徵。飄游雲於泰清，集長風乎萬里。曲既終而響絶，遺餘玩而未已。良自然之至音，非絲竹之所擬。是故聲不假器，用不借物。近取諸身，役心禦氣。動脣有曲，發口成音。觸類感物，因歌隨音。玄妙足以通神悟靈，精微足以窮迷測深，乃知長嘯之奇妙蓋亦聲音之至極』。

永泰中，孫廣旨云：『夫氣激于喉中而濁，謂之言。激于舌而清，謂之嘯。言之濁可以通人事、達性情，嘯之清可以感鬼神、致不死，蓋出其言善千里應之，出其嘯善萬靈受職。』《語林》。

杜詩：長嘯宇宙間。長嘯下荆門。敢爲蘇門嘯，庶作梁甫吟。

王廉倚樓長嘯，神色自逸。《别傳》。

唾

唾，口液也。《養生經》：『甘泉，唾也。』

孟嘗唾客面，師德人唾面。孟嘗君復相太息曰：『文一日廢客皆去，今客有復見文者，必唾其面。』馮讙曰：『君之言，失也。』《史》。婁師德訓弟，弟曰：『人有唾面必潔之。』師德曰：『潔之，是違其意，正使自乾爾。』《史》。

無人唾，聚衆唾。晋佛圖澄，止鄴城寺，人無敢向其方面涕唾者。《史》。隋伊婁謙初仕周時，武帝使謙聘齊觀釁，謙參軍高遵，以情輸齊，遂留謙，帝克并州，召謙，謙請赦遵，帝曰：『卿可聚衆唾面。』謙曰：『遵罪非唾面之責。』乃止。《史》。

龍巾拭李白之唾，火齊得夫人之唾。吴王潘夫醉唾壺中，傾之，得火齊指環。龍巾拭唾，御手調羹。

先軫之唾，江華之唾。文嬴請三帥，使歸就戮於秦，先軫怒曰：『武夫力而拘諸原，婦人暫而免諸國。』亡無日矣，不顧而唾。《左僖卅三》。梁長史江華，司馬祖晅之，皆爲魏所虜。安豐王延明聞其才名，厚遇之。延明使晅之作歌，華唾罵之。《器銘》。

李白詩：『咳唾落九天。』

《岳飛表》：『唾手燕雲。』

齒

齒，牙齒也。《釋名》：齒，始也。少長之別，以齒始乎此也。食多者長，食少者幼也。生齒，尚齒。禮大比登民數，自生齒以上登於天府。虞氏貴德而尚齒，夏氏貴爵而尚齒，殷人貴官而尚齒，周人貴親而尚齒。《大戴記》。

脣齒，剾齒。《左》：『輔車相依，脣亡齒寒。』張巡駡賊而死，尹子奇以刀剾齒，存者三四。』文山《正氣歌》曰：『爲張睢陽齒』是也。

杜后生齒，張蒼無齒。少有姿色，長猶無齒，帝採納之，一夜齒生。張蒼無齒，食諸妾乳。

犬馬之齒，諸任與齒。貢禹曰：『臣犬馬之齒，八十一願乞骸骨。』《左》：『何敢與諸任齒？』

夫子駢齒，武王駢齒。夫子駢齒，象鈎星也。《孝經鈎命契》。武王駢齒是謂剛强，取象參房，誅害以從天心。《元命包》。房爲明堂主布政，參爲大辰主斬刈，兼此二者故，重齒爲表。《注》。

孺子折齒，范睢摺齒。陳僖子使召陽生立之，鮑子曰：『汝忘君之爲孺子牛，而折其齒乎？』孺子，荼也。景公銜繩爲牛，使荼牽之。荼，折其齒也。《左》。須賈使齊，范睢從，齊王聞睢辯，賜金及牛酒。以告魏齊，笞擊睢，折脅摺齒，睢佯死。《史》。

温嶠齒疾，謝鯤齒折。温嶠先有齒疾，因拔，中風而卒。謝鯤鄰家高氏女有美色，鯤嘗挑之，女投梭，折其兩齒，時人語曰：『任達不已，紡輿折齒。』鯤傲然長嘯曰：『猶不廢我嘯歌。』

相須唇齒，八歲虧齒。王子猶詣謝萬林公曰：『鬚髮並全神情當勝此不？』謝曰：『唇齒相須不可以偏亡，鬚髮何關於神明？』《世説》張玄之八歲，虧齒，先達知其不常，故戲之曰：『君口中何爲開狗竇？』答曰：『正使君輩從此中出入！』《上》。

智牙，二齒。齊太上主生顛牙，中書監徐之才拜賀曰：『此顛牙，生者，聰明長壽。』太上悦而賞之。《三國典略》則天春秋高，俄而，二齒生，詔改之長壽。李敬仁賀表云：『《易》有四營，金牙爲壽考之象；《詩》具六義，玉齒載神仙之謡。還年而輔車不虧，却老而瓠犀仍出。堅而不僞聞於導養之方，落而更生得自靈飛之散。』

張果墮齒，元退無齒。張果飲，堇曰：『非佳酒也。』乃寢。頃視齒，焦縮。取鐵如意，擊墮之。藥傳其斷，良久齒生，粲然騈潔，帝益神之。元退處士，年七十三，口中無齒，每磨裝胡餅，疾嚙如刀常言。而今方知，齒爲妨物。

伍牙，缺齒。溧水有伍牙山，《輿地廣志》云：『子胥伐楚還吴經此山，故名「伍牙」。』《建康志》云：『俗傳伍子胥美齒牙避此至此，恐爲人所識，以石毁牙。山神護之不毁，因名「護牙」。』宋建武狎佞群臣，顏師伯缺齒，號之曰『齴』。《宋書》。

染齒，黑齒。山梁氏泥於西屠而染齒。《袁子正書》屠移在海外，以皂染齒，號『黑齒』。《異物志》。

常樅張口曰：『吾舌存乎？』老子曰：『然。』『吾齒存乎？』老子曰：『亡。』老子曰：『舌之存也，豈非以其柔耶？齒之亡也，豈非以其剛耶？』見舌。

《孟》：『天下有達尊三：爵一、齒一、德一。』

李白：『粲然啓玉齒。』杜牧：『齗齒員明恩。』

《抱朴子》：或問堅齒之道，答曰：『養以華池，瀨以濃液，永不動，永不動。次則服靈非散，既脱更生。』

《養生論》：『齒居晋而黄，醫説云晋地多棗，人常置之懷袖中，若越人之噉檳榔，味甘傷脾，故齒黄也。』

《詩閟宫》：『黄髮兒齒。』

《韓詩》：『一婢赤脚老無齒。』

羚角齒碎，背裂齒碎。有婆綱門僧得佛牙，甚堅。傅奕曰：『吾聞金剛石堅，物不能堅，惟羚羊角能碎之。』叩之，果碎。《唐太記》尹子奇曰：『聞君每戰，背裂齒碎，何也？』巡曰：『志吞逆賊，但力不能耳。』以刀抉視之，所餘纔三四餘。』見上。

《左》：定四年，齊侯賞犁彌，彌辭曰：『有先登者，晳幘而衣貍製。』公使視東郭書曰：『乃夫子也。』晳白幘齒上下相值。

方朔書臣，齒如編貝。《漢書》。

杜詩：『几杖將衰齒。』又『暮齒借前籌』。『豈知牙齒落，名玷鷹賢中。』

『夫齒者年也，身之宫也，藏之斧鑿，所以調諧五味，以安性氣者也。』楊泉《物理論》。

齔，毀齒也。男八月生齒，八歲而齔。女七月生齒，七歲而齔。《説文》。

詩

《釋名》：『詩者，志之所之也。』『説志者，莫辨乎詩。』揚。

《書》：『詩言志。』《舜典》《左》：『詩以言志。』文子。

子曰：『詩三百，一言以蔽之，曰「思無邪」。』程子曰：『思無邪者，誠也。』子曰：『興於詩。』朱子曰：『詩本性情，有邪有正，其爲言，既易知，而吟咏之間，抑揚反覆，其感人又易入，故學者之初所以興起。其好善惡惡之心而不能自已者，必於此而得之。』子曰：『誦詩三百，授之以政，不達；使於四方，不能專對。雖多，亦奚以爲？』子曰：『小子何莫學夫詩？詩可以興感發志意，可以觀考見得失，可以群和而不流，可以怨怨而不怒，邇之事父，遠之事君；人倫之道詩無不備。多識於鳥獸草木之名其緒餘又足以資多識。』子曰：『賜也，始可與言詩已矣。』子曰：『起余者，商也，始可與言詩已矣。』

謝氏曰：『子貢因論學而知詩，子夏因論詩而知學。』

孟子説：『詩者，不以文害辭，不以辭害志；以意逆之，是爲得之。』

『詩以正言，義之用也。』《藝文志》。

《詩序》云：『言天下之事，形四方之風，謂之雅。雅，正也，言王政之所由廢興也。』孟子長於詩書，賈徽習於毛詩。趙氏謂『孟子長於詩書』。賈逵平陵人，父徽習毛詩，逵悉傳其業。

唐文宗之論詩，漢宣帝之學詩。與宰相論詩，鄭覃曰：『詩之工者無若三百篇，皆國人作之以刺美時政，王者采之，以觀風俗耳，不聞王者爲詩也。後主煬帝皆工於詩，不免亡國，陛下何取焉？』上嘗欲置詩學士，翰林學士李珏曰：『詩人浮薄無益於理。』乃止。漢宣帝受詩於東海復中翁。

論詩 林駉

觀詩之爲美爲箴，原於吴庭君臣之咏；觀詩之爲譏爲諷，原於夏人昆弟之歌。嗟夫！周詩三百篇，曾經聖人手也。是故『詩言志，歌永言』，後世效之以爲歌；一曰『風』，二曰『雅』，後世擬之以爲賦。

自詩變爲樂府之後，孔子作《龜山操》，伯奇作《履霜操》，牧犢子作《雉朝飛》。自詩變爲『離騷』之後，賈誼之《吊湘》，揚雄之《畔牢》，然凡此皆詩之體制源流也。

『振振鷺』三言之所起，『關關雎鳩』四言之所起，『維以不永懷』五言之所起，『魚麗於罶，魴鱧』六言之所起，『交交黄鳥，止于棘』七言之所起，『我不敢效我友自逸』八言之所起，凡此皆詩之句讀源流也。

有如蘇、李之高姚，嵇、阮之冲澹，曹、劉之豪逸，謝、鮑之清奥，徐陵、庾信之靡麗華藻，白樂天、柳宗元之放蕩嘲怨，嘲咏風月無俾聲教，夸耀淵雲無關政體，此邵康節謂『删後更無詩』宜矣。康節詩：『須信畫前元有易，自從删後更無詩。』

陶潛發而爲詩，和平自然。大羹玄酒，淡乎無味。一唱三嘆，邈乎希聲。命子等詩，虚静平淺，有孤鶴在風之怨；去來一辭，蕭然物外，有閑鷗忘海之勢。杜甫流落劍南，放散沅、湘，《北征》之篇，問家室而作也。終篇諄復，惟及國事，山谷謂『退之南山不必作』。登慈恩寺陪諸公而作也，措意立辭，意在言外，荆公謂『譏天寶時事』。

東坡喜淵明之癯而實腴，山谷以子美之詩爲靈丹一粒。噫！論淵明之詩當取其有補風教，論子美之詩當取其愛君憂國。宋興以來，楊文公觀其『願秉忠清節，終身立聖朝』之句，則知有致君堯舜之意。讀其『介推母子，伯夷兄弟』之句，則知有綿上首陽之風。歐陽公其曰『玉輦經年不游幸，上林花好莫争開』，節盤游也；其曰『君王念舊怜遺族，當使無權保厥家』，抑外戚也。『陽進升君子，陰消退小人』，勸上以用威斷也；『聖主本無聲色惑，宫花不用妒新妝』，勸上以遠女色也。

蘇之正節勁氣傲雪凌霜，黄之風韵洒落光風霽月。是中惟可飲醇酒，意則在於詆新法；閑送苕溪入太湖，意則在於譏水利。見坡詩集嗚呼！沔彼流水不在於水而在於規，鶴鳴九皋不主於鶴而主於誨，蘇公之詩蓋得比興而爲詩也。東坡跋漁父，則取清新婉麗之作；東坡送孟容，則起堅城受降之語。送孟容詩，效庭堅體。詩云：『如我曹儈，淺不成邦。公如大國楚，吞五湖三江。赤壁風月笛，玉堂雲霧窗。句法提一律，堅城受我降。』

嗚呼！韓昌黎詩豪矣未必熟，李太白詩深矣未必暢，山谷之詩蓋兼數子而爲詩也。

杜詩 同人

白樂天《海圖屏風》之作，前輩東坡見其心之不忍用兵，劉禹錫《三閣詩》四章識者山谷謂其可以追配黍離。後之讀工部詩者，安可不求詩意哉？氣節高邁，秋霜争嚴。風標屹立，砥柱中流。嚴武嗜殺瞪睨而兒戲之，房琯毁師排衆而申救之。《北征》之篇蒼茫問家室而作也，終篇諄復惟及國事，山谷謂『退之南山不必作』。登慈恩寺陪諸公而作也，措意立辭，意在言外，荆公謂『譏天寶時事』。『微升古塞外，已隱暮雲端』，夏鄭公知其爲肅宗而非爲月也。『初月出不高，衆星尚争光』，或謂史思明尚在而非爲星也。《石壕吏》之作，韓魏公知其論戍役之苦；茅壁之咏，蘇公知其嫉藩鎮之强。

不特此也，《百舌》一咏，惡譖佞也；《惡木》一章，傷小人也；腐草之螢，譏閹寺也；寒城之菊，憫士操也；《悲青坂》傷戰敗之無功也，《嘆秋雨》刺暴虐之傷思也，《兵車行》蓋念驅中國之衆開过境之地，《洗兵馬》作蓋言復西京之地、掃犬羊之虜。

又不特此也，以是心而處己，又以其處己者而待人。《送嚴鄭公》也，則曰『公早登台輔，臨危莫致身』；《寄蘇侍御》也，則曰『致君堯舜付公等，早據要路思捐軀』；《寄董嘉榮》也，則曰『雲臺畫形像，皆爲掃妖氛』。

先輩非詞人之《唐史》以爲一代之史，則非詞人之詩，乃詩中之史也；先儒以爲詩之『六經』，則非詩中之史，又詩中之經也。

世謂楊大年鄙爲『村夫子』，以是而疑公之詩『不思江漢思歸客』之句，大年且不能屬。鄉人以子美詩强大年，不服，因曰：『公試爲我續「江漢思歸客」一句。』大年以爲屬，對鄉人曰：『乾坤一腐儒，大年似小屈。』

又謂歐陽子生平不甚愛復，以是而疑公之詩『不思身輕一鳥』之字，歐公嘉嘆不已。歐公不愛杜詩而謂韓吏部强，歐公與客得杜詩有『身輕一鳥』之句，思足其句或曰『下』，或曰

『落』，及得全句，乃『過』字，歐公深嘆。

山谷稱其『靈丹一粒』，蘇公稱其『集大成』，陳無己稱其『奇工易新』。

杜贈盧琚『華翰惟牽率，湖山合動揺』爲詩，湖山之助。《修覺寺》詩應有新助，諭靈運『池塘生春草』云，此語神助，非吾語也。《寄張山人彪》詩興不無神，『諫官非不達，詩義早知名。』《鄭諫議》『破的由來事，先鋒孰敢争。如射之中，戰之勇。思飄雲物外，律中鬼神驚。毫髮無遺恨，波瀾獨老成。』《懷古》：『庾信平生最蕭瑟，暮年詩賦動江關。』『白也詩無敵，飄然思不群。清神庾開府，俊逸鮑參軍。渭北春天樹，江東日暮雲。何時一樽酒，重與細論文。』『吾祖詩冠古，詞場繼國風。』杜審言。

『李白一斗詩百篇，長安市上酒家眠。』『筆落驚風雨，詩成泣鬼神。』『不見李生久，佯狂真可哀。世人皆欲殺，吾意獨怜才。敏捷詩千首，飄零酒一杯。匡山讀書處，頭白好歸來。』綿之屬邑『揮翰綺綉揚，篇作若有神。』

示我百篇文，鄭賁。詩家秀句傳。李之芳。

許生『誦詩渾游衍，四座皆辟易。應手看捶鈎，清心聽鳴鏑。得於心，應於手，比比誦詩聲。精微穿溟涬，洪濛之氣飛動摧霹靂。陶謝不枝捂，不能當風騷共推激。國風離騷』『詩罷地有餘，篇終語清省。一陽發陰管，淑氣含只鼎。』鐘律之和可聽於耳，大羮之美可悦於口。郭受曰：『能詩海内流傳久，春興不知凡幾首。』杜甫曰：『只同燕石能星隕，自得隋珠覺夜明。』石比其詩，珠比郭詩。

《詩》：『吉甫作頌，其詩孔碩。其風肆好，以贈申伯。』《崧高》。

《論》：『陳亢問於伯魚曰：「子亦有異聞乎？」對曰：「未也。嘗獨立，鯉趨而過庭，曰：「學詩乎？」對曰：「未也。」不學詩無以言。」鯉退而學詩。』朱子曰：『事理通達而心氣和平，故能言。』『子謂伯魚曰：「汝爲《周南》《召南》矣乎？人而不爲《周南》《召南》，其猶正墻面而立也與？」』

《孟》：『公孫丑問曰：「高子曰《小弁》，小人之詩也。」孟子曰：「何以言之？」曰：「怨。」曰：「固哉，高叟之爲詩也。」』

『無説詩，匡衡來。匡衡詩，解人頤。』匡衡補平原文學。

『作毛詩，得風雅之旨。』衛公。

《孟》：『王者之迹熄而詩亡，詩亡然後春秋作。』

子夏讀詩已畢，夫子問曰：『爾亦何大於詩矣？』子夏對曰：『詩之於事也，昭昭乎若日月之光明，燎燎乎如星辰之錯行。』

《韓詩》：『君詩多態度，藹藹春空雲。東野動驚俗，天葩吐奇芬。張籍學古淡，軒鶴避鷄群。險語破鬼膽，高詞媲皇墳。』

韋超詩：『大名詩獨步。』

『詩是吾家事，人傳世上名。』

賦

《班固序》：『賦者，古詩之流也。』朱子曰：『賦者，敷陳其事，而直言之者也。』

或問夫子少而好賦，曰：『然。童子雕蟲篆刻。』俄而曰：『壯夫不爲也。』或問：『景差、唐勤、宋玉、枚乘之賦也，益乎？』曰：『必也淫。』『淫則奈何？』曰：『詩人之賦麗以則，辭人之賦麗以淫。如孔氏之門用賦，則賈誼升堂，相如入室矣，如其不用何？』或曰：『君子尚辭乎？』曰：『君子事之爲尚。自人事勝辭則伉，辭勝事則賦，事、辭稱則經。足言足容，德之藻矣！』夸毗之辭，戚施之面，藻飾非篤實之真。

屈平詞賦懸日月。李。賦料揚雄敵。杜。

篆刻揚雄流，溟漲本末淺。雖溟海漲其本末，比之猶力淺。

《三都賦》，《鸚鵡賦》。左思締思十稔，門墻藩溷，皆着紙筆，得一句，即書。『三都賦成，洛陽紙貴。』謝莊作《赤鸚鵡賦》，袁淑驚嘆。杜華無用，工無用。房玄齡監修國史，上曰：『《漢書》載《子虚》《上林賦》，浮華無用。』『綺綉相展轉，詞賦工無用。』『道爲詩書重，名因賦頌雄。』賦或似相如，叉手成賦。温庭筠。

離騷 林㘯

東坡以騷爲風雅再變，而讀者謂得體；温公不以騷編入通鑒，而論者謂未純。嗟夫！坡公所學，有得於騷也。温公所以不録者，以其例不取詩賦。讀《鵩鵩》之詩，不可不知周公憂周之情；讀《灾異》之疏，不可不知劉向傷漢之意；讀《離騷》之賦，不知原之拳爲楚，亦未爲知原者。

夫楚，宗周也，原不能止懷王之西，而知芊氏之將亡。不能輔襄王以復不戴天之讎，而反受子蘭之僭，故其情切、其辭悲。後之不知騷者，則曰：《九歌》之作近於舛，《昆崙》之述近於非經，《遠游》之作近於放，《卜居》之作近於詭，《太一》之歌繼之以《湘君》則近於靡，《惜誦》之章繼之以《懷沙》則近於矯，故賈誼以鳳凰千仞而譏平矣，揚雄以湛身而笑平矣，班固以露才揚己而議平矣。不思誼之《鵩賦》，不若平之以『鴻鵠虬龍』而喻君子；雄之《投閣》，不若平之以『抱石江濱』而馨風千古；固之《賦燕》然以媚逆臣，不若平之獨醒而不啜其醨也。不特此耳，《九歌》之辨取其禹之平水土而牧養群生，即骨雖好而目不瞑於湘水矣。

奏賦，獻賦。『奏賦入明光』，『憶獻三賦蓬萊宫』。

《兩都賦》班固作；《高唐賦》宋玉作；《天台賦》孫綽作；《阿房賦》擲地作金石聲，杜牧作；《子虚賦》楊得意薦相如；《大人賦》相如作；《長楊賦》揚雄作；《長門賦》相如作；《靈光賦》王延壽作；《鸚鵡賦》禰衡作；《梅花賦》宋璟作；《扶桑賦》桑維翰。

書

《釋名》：『書，庶也，記庶物也。亦言著也，著之簡紙，永不滅也。』

杜詩：『藏書聞禹穴。』會稽石穴，黄帝藏之，禹得之。

藏書。論古今聚散之由黄履翁，吉父。成周，卜史掌邦國之志，外史掌三皇五帝之書，則國之藏書也，尚矣。夫典籍之府上映奎壁，圖書之文下泝河洛。根文風昭世教者在是，立人極續聖傳者在是，文不喪天，道未墜地，至今日，尚無恙也。

自秦人焚烈之餘，尺籍不收。項氏三月之火，亦皆煨燼。

惠帝除挾書之律而書始出，武帝建藏書之策而書始集。成帝復求遺書於天下，輯群書總之而爲長略，而漢之書備矣。

外有太常博士之藏，内有延閣廣内秘室之府。

劉向校經、傳、諸子、詩、賦，任宏校兵書，伊咸校術數，李柱國校方技。經傳則有《易》《詩》《書》《禮》《樂》《春秋》《論語》《孝經》《小學》之九種，諸子則有儒、道、陰陽、法、名、墨、縱横、雜、農、小説之十種。詩賦其種有五，兵書其種有四，術數則曰天文、曆譜、五行、蓍龜、推占、刑法也，方技則曰醫經、經方、房中、神仙也。

光武中興復好典籍，明章繼軌又加潤色。石室蘭臺，充積彌盛。東觀仁壽，纂集尤多，班固傅毅文，依《七略》而爲『書部』，此秦之焚滅至漢始備也。自獻帝西遷之餘，圖書縑帛皆爲帷囊，四百年所積之文，棄置迨盡。魏氏采掇遺書，藏在秘書，分爲四部，總括群籍。

東晉之來，雖幾散失。元嘉諸人，復克補亡。謝靈運有目録四部，王儉又撰述《七志》，一曰《經典志》以紀《六藝》《史記》，二曰《諸子志》以紀今古諸子，三曰《文翰志》以紀詩賦，四曰《軍書志》以紀兵書。曰《陰陽》，曰《術數》，曰《圖譜》，又紀圖緯、方技圖書之書。齊任王亮，梁用任昉。相踵部集，其爲卷不下二萬三千餘耳。此漢末之散逸，至歷數代始備也。自是而後，一失於周師之入郢，而江陵之典籍盡焚。元帝再失於爾朱之唱亂，而洛陽之經史復散。三失於唐初之覆溺，而東都之卷帙盡亡。王世充得《隋書》八千餘卷，致京師，經砥柱舟覆。

正觀間，命魏徵、吴世南、顔師古爲秘監，請求天下所藏之書。開元間，命馬懷素、褚無量修圖書，借録民間，未見文。修書有院，集書有院。至禄山之亂，寸牘不藏。後苗發等使江淮發遺書，後鄭覃請秘閣採經籍，四庫儲書，至是復全。至黄巢之亂，存者已少。天開我宋，五星聚奎。典籍山積，籤軸鱗集。建隆之始，書萬二千。乾德以來，史館充備。三禮涉弼，獻千二百二十八卷。江南李氏，獻圖書二百餘卷。太平則建三館矣，端拱則建秘閣矣。祥符詔求書得卷萬五千七百餘，嘉祐詔求書得卷五百者，繩繩乎皇緯之連絡也，炳炳乎雲漢之昭回也。上以闡吾道不傳之統，下以壽斯文幾熄之脉。

倉帝文字，伏羲書契。倉帝，名頡，有睿德，生而能書。及長，登陽虚之山，臨洛水之汭，靈龜負書，丹甲青文，倉帝受之。遂窮天地之變，仰觀奎星圖典之勢，俯察龜文、鳥羽、山川掌指而創文字。文字成，天爲雨粟，鬼爲夜哭。伏羲風造書契以代結繩之政。書制有六：一曰象形，日月之類，象日月形；二曰假借，令長之類，一字兩用；三曰指事，上下之類，人在一上爲上，人在一下爲下；四曰會意，武信之類，人言爲信，止戈爲武；五曰轉注，考老之類，文意相受，左右相注；六曰偕聲，江河之類，以水爲聲，以土爲聲。天下義理，必歸文字；天下文字，必歸六書。《外紀》。

上古結繩而治，後世聖人易之以書契。百官以治，萬民以察，蓋取諸夬。《易》。

除挾書之律，開求書之門。漢惠，漢成河平，揭而書之何？予之也，亦惜之也。曷爲惜之？惜其晚也。書求遺書何？美也，使謁者陳農，求謁者於天下。

踵成書，求遺書。竇憲死。班固死獄中，固嘗著《漢書》未就，詔女弟曹壽妻昭踵成之。華嶠曰：『固之序事，不激詭，不抑抗，贍而不穢，詳而有體，使讀之者亹亹而不厭信哉。』魏太和，求遺書。書法：求遺書，自漢成河平三年，一書之，至是五百餘年，然後復見書，嘉之也。

手不釋卷，詔求遺書。魏主父好讀書，手不釋卷，又善續文，詔策皆自爲之。制禮作樂，有太平之風。隋開皇三詔求遺書，秘書監牛弘表曰：『典籍屢經喪亂，率多散逸。周氏聚書僅盈萬卷，平齊所得裁益五千，興集之期，爲國之本，屬膺聖世，莫此爲先。』詔：獻書一卷，賚縑一匹。書法：自漢成河平三年書求遺書，至元魏再見，於是三見。惜乎見於賦錢寫書之後也。

詔訪逸書，大索書籍。開元五年，詔訪逸書，從秘書監馬懷素之請也凡四萬八千卷。魏主珪問博士李光曰：『天下何物可以益人神智？』對曰：『莫若書籍。』遂命郡縣，大索書籍。

賈徽習書，子逵傳業。魏徵多藏，孫稷鋭精。賈逵，平陵人，父徽，習周官尚書。逵悉傳其業，稱爲『通儒』。景龍四年，以薛稷參知機務。稷外祖魏徵家，多藏吴世南、褚遂良所書，故鋭精臨仿，結體遒麗，以書名天下。

義府，書肆。《僖廿七》趙衰曰：『詩書，義之府也。』揚子：好書而不要諸仲尼，書肆也。

心畫，言出。揚子：彌綸天下之事，記久明遠，著古昔之，嗒嗒不可知傳千里之忞忞勉勉之懷者，莫如書。故書，心畫也。聖人肆筆而成書，書可觀而不可盡。肆，放也。《淮南子》：王壽負書而行，見徐豐於周。王壽，古好書之人。徐豐，周之隱者。徐豐曰：『書者，言之所出也。言出於智者，智者藏書，乃焚書而舞之，故老子曰：「多言數窮，不如守中。」』

得文，説事。漢汲冢《荀勖傳》，得古文於吴王壽。揚子：『説事者，莫辯乎書。』

孟：『盡信書，則不如無書。吾於《武成》取二三策而已矣。』

程子曰：『載事之辭容有重稱而過其實者，學者當識其義而已。苟執於辭，則時或有害於義，不如無書之愈也。』

北人看書如顯處視月，南人學問如牖中窺月。學廣則難周，難周則識闇，故如顯處視月。學寡則易覈，易覈則知明，故如牖中窺月。

詩畏此簡書，庸今天下書同文。選萬里車書通，古乾坤一統混車書。杜委懷在琴書，坡白首尚抄書。

藏書，借書。蕭何入秦丞相府，取文籍圖書藏之。晋皇甫謐，就武帝借書，送一車與之。

行書法，行秘書。鍾胡二家爲『行書法』。唐太宗出行，有司請載書以從，太宗曰：『虞世南在，此行秘書也。』

一編書，萬卷書。張良遇一老父，以一編書與之，曰：『讀此可以爲帝王師。』唐李邕願一見秘書，李嶠曰：『秘閣萬卷書，豈時日能習耶？』

咫尺書，十年書。史廣武曰：『奉一介咫尺之書。』沈攸之曰：『早知窮達有命，恨不十年讀書。』『共君一夜話，勝讀十年書。』

中書君豈不中書，坡鄴侯家多書。《選》。

種樹書，進農書。韓：長把種樹書，人言避世事。《李泌傳》：進農書。

陸機有犬能寄書，蘇武有雁能傳書。

獻賢書，讀父書。禮地官鄉老及鄉大夫群吏，獻賢能之書于王，王拜而受之，登于天府。趙以趙括爲將，藺相如曰：『括徒能讀父書傳，不知合變。』

嵇康絶交書曰：『不喜作書』，而人間多事，堆案盈几，不相酬答，則犯教傷義，欲自勉，則不能久。

曝腹晒書，捫腹藏書。牛角掛書，魚腹帛書。生涯一卷書，寒燈夜讀書。男兒須讀五車書，一點青燈半夜書。中有尺素書，道喪人間久廢書。

虞書，夏書。商書，周書。揚子：『虞夏之書渾渾爾，商書灝灝爾，周書噩噩爾。』

《漢書》班固、昭，《晋書》唐太宗。

隋書，唐書。

傳

《釋名》：『傳，傳也，以傳其後人也。』

孟子：『於傳有之。』

《左傳》《公羊傳》《穀梁傳》《胡傳》，春秋三傳束高閣，獨抱遺經究終始：《循吏傳》《高士傳》《五柳傳》《列女傳》《霍光傳》《項籍傳》。

頌

周頌，魯頌，商頌。

椒頌，柏頌。晋劉榛妻陳氏，元旦獻《椒花頌》云：『璇宫周回，三朝肇建。青陽散輝，登景再焕。美哉靈范，爰采爰獻。聖容皎皎，永壽於萬。』風土記正月，楚人上柏頌。

張老善頌，原憲行歌商頌。《賢臣頌》《酒德頌》，王褒作。《河清頌》《神雀頌》，宋鮑照，元嘉中。杜甫詩：詞人解撰《神雀頌》。

遺愛頌，浯溪頌。宋璟爲廣州都督，及去，人立《遺愛頌》。元結作《浯溪頌》。

《翠微宫頌》。貞觀廿一，作《翠微宫》。冀州進士張昌齡，獻《翠微宫頌》，上愛其文命，於通事舍人裏供奉。初昌齡與王公治皆有文名，考工員外郎王師旦知貢舉黜之，上問其故，師旦曰：『二人文體輕薄，終非令器。若置之高第，恐後進效之，傷陛下雅道。』胡氏曰：『太宗於皇甫德參則欲加以罪，於張昌齡則欲賞之以官，聖學不傳，雖納諫自勉而不治其本，故無聖王成德之效也。』

學

朱子曰：『學之爲言效也。人性皆善，而覺有先後。後覺者必效先覺之所爲，乃可以明善而復其初也。』

《學記》：善學者師逸而功倍，又從而庸之；不善學者師勤而功半，又從而怨之。善問者如攻堅木，先其易者後其節目；不善問者如撞鐘叩之，以小者則小鳴，叩之以大者則大鳴。

良冶之子必學爲裘，良弓之子必學爲箕。見鎔金補器爲裘續皮，使屈角成弓取柳成箕。

始駕馬者反之，車在馬前。馬車於前，繫駒於後，日日慣習而後駕之。

古之學者，比物醜類。鼓無當於五聲，五聲不得不和，聲不得鼓則無節；水無當於五色，五色不得不章，畫不得水則不明。學無當於五官，五官不得不治。五官身、口、耳、目、心。師無當於五服，五服不得不親。

《雜記》：君子有三患：未之聞，患不得中也；既聞之，患不得學也；既學之，患不能行也。《書》：不學牆面。由思入睿，由睿入覺，此之謂學。山谷《易》：君子學以聚之，問以辨之。仲尼曰：『吾聞之「天子失官，學在四夷」，猶信。』官不修職。《論》子曰：『學而時習之，不亦悅乎？』『行有餘力，則以學文。』尹氏曰：『德行，本也。文藝，末也。』子夏曰：『賢賢易色。事父母，能竭其力；事君，能致其身；與朋友交，言而有信。雖曰未學，吾必謂之學矣。』子曰：『君子不重則不威，學則不固，就有道而正焉，可謂好學也已。』『吾十有五而志於學。』朱子曰：『古者十五而入大學，此所謂學，即大學之道也。』『學而不思則罔，思而不學則殆。』哀公問：『弟子孰爲好學？』孔子對曰：『有顏回者好學，不遷怒，不貳過，不幸短命死矣，今也則亡，未聞好學者也。』或曰：『顏子之所好果何學歟？』程子曰：『學以至乎，聖人之道也。』季康子問：『弟子孰爲好學？』孔子對曰：『有顏回者好學，不幸短命死矣，今也則亡。』『博學於文，約之以禮，亦可以不畔矣夫。』顏淵喟然嘆曰：『夫子循循然善誘人，博我以文，約我以禮。』『博我以文，致知格物也；約我以禮，克己復禮也。』侯氏。『致知格物，知之事也；克己復禮，□[知]之事也。』輔氏。子曰：『述而不作，信而好古，竊比於我老彭？』『默而識之，學而不厭，誨人不倦，何有於我哉？』『學之不講，是吾憂也。我非生而知之者，好古敏以求之者也。』『三年學，不志於穀，不易得也。』『以思，無益，不如學也。』『篤信好學，守死善道。』朱子曰：『守死者篤信之效，善道孝好學之功。』『學如不及，猶恐失之。』『譬如爲山，未成一簣，止，吾止也；譬如平地，雖覆一簣，進，吾往也。』『苗而不秀者有矣夫，秀而不實者有矣夫。』

『古之學者爲己，今之學者爲人。』『生而知之者，上也；學而知之者，次也；困而學之，又其次也；困而不學，民斯爲下矣。』『好仁不好學，其蔽也愚；好知不好學，其蔽也蕩；好信不好學，其蔽也賊；好直不好學，其蔽也絞；好勇不好學，其蔽也亂；好剛不好學，其蔽也狂。』子夏曰：『博學而篤志，切問而近思，仁在其中矣。』『百工居肆以成其事，君子學以致其道。』『仕而優則學，學而優則仕。』衛公孫朝問：『仲尼焉學？』子貢曰：『文武之道，未墜於地，在人。賢者識其大者，不賢者識其小者。夫子焉不學？亦何常師之有？』

《孟》：滕文公謂然友曰：『吾他日未嘗學問，好馳馬試劍。』陳良之徒陳相見許行而大悅，盡棄其學而焉，孟子曰：『陳良，楚産也，悦周公、仲尼之道，北學於中；學北方之學者，未能或之先也。彼所謂豪傑之士也。子之兄弟，事之數十年，師死而遂倍之。今也南蠻鴃舌之人，非先王之道，子倍子之師而學之，亦異於曾子矣。』夫人幼而學之，壯而欲行之，使奕秋誨二人奕，雖與之俱學，不若之矣。『學問之道無他，求其放心而已矣。』羿之教人射必志於彀，學者亦必志於彀；大匠誨人必以規矩，學者亦必以規矩。博學而詳説之，將以反説約也。子貢曰：『學不厭智也，教不倦仁也。』

《中庸》子曰：好學近乎智，博學之。

《左·昭十八》：葬曹平公，往者見周原伯魯焉，與之語，不説學。歸以語閔子馬，閔子馬曰：『周其亂乎？』又曰：『可以無學，無學不害。不害而不學，則苟而可。於是乎下陵上替，能無亂乎？夫學，殖也，不學將落。』夫爲學之進德，實如農之殖苗。

子路曰：『南山有竹，不揉自直，斬而用之，達於犀革。以此言之，何學之有？』子曰：『括而羽之，鏃而礪之，其入之不亦深乎？』《家語》。

學者，所以修性也。視、聽、言、貌、思，性所有也。學則正，否則邪。學之爲王者事，其已久矣。人而不學，雖無憂，如禽何？學者，所以求爲君子也。揚子。轅固曰：『公孫子，務正學以言，無曲學以阿世！』殤帝延平元，樊準迹曰：『臣聞人主不可以不學。』光武投戈講藝，息馬論道，孝明垂精古典，游意經藝。今學者益小，遠方尤甚，博學倚席不講，儒者競論浮麗，宜博求幽隱，寵進儒雅。鄧太后深納其言。書法：詔舉隱逸，綱目再書而已。

魯哀公之問，唐高宗之問。問子夏曰：『必學而後可以安國保民乎？』子夏曰：『不學而能安國保民者，未之有也。』麟德二年，高宗至濮陽，『謂之帝丘，何也？』左相竇德玄不能對，許敬宗曰：『昔顓頊居此，故謂之帝丘。』敬宗退曰：『大臣不可以無學。』德玄曰：『人各有能有不能，吾不强對以所不知，此吾所能也。』

事　九

經庫，五經庫。唐谷律那，隋房暉遠。

書倉，學府。曹曾積石爲『書倉』。梁昭博極古今號曰『學府』。

幕府書厨，柳篋子。五代朱遵度博學，號『幕府書厨』。唐柳粲遷拾遺，時譽日洽，以其博學號『柳篋子』。

觀外家語，讀外家傳。東方朔非止一家，即傳記小説。褚先生。

學盤盂之書，觀卯金之子。田蚡學盤盂諸書。劉向校書天禄閣，夜有老人植青黎杖，授向五行、洪範，云『我是太乙精。』天帝聞卯金子博學者，下而觀焉。玉堂學士今劉向夜植青藜會相訪。貫穿經傳，馳騁古今。遷贊。

紬石室金匱之藏。司馬遷。博極群書。劉向、揚雄。

語曰『五經縱横周宣公』周舉，語曰『五經無双許叔重』。許慎。

文林，武庫。崔實沉淪典籍。杜預無所不有。

武庫，經笥。裴頠武庫五兵，任彦昇通經，時稱『五經笥』。博物洽聞，世無與比。張華通姓氏學，號『肉譜』。李守素。

五經指南，問高君。王玄感、宋璟曰：『欲知古，問高君。高仲舒。』
王氏青箱，陸公書厨。王彪識江左舊事，緘青箱謂之『王氏青箱』。陸澄博覽。
儒林，書府。常爽儒林先生。唐徐堅多識典故，七入書府。
仲舒不窺園，桓榮不窺園。董仲舒下帷三年，不窺園。桓榮學長安，十五年不窺家園。
讀未見書，願一見書。《北史》：李鉉游京師，讀未見書。李邕自言『讀書不遍，願見秘書』，假直秘書。
柳仲郢之嗜學，文中子之醉經。嘗和熊膽圓，夜噍以助勤。文中子心若醉六經。
積思經籍，究覧墳籍。劉向、李固，負笈從師。
癖左氏，講左氏。杜預自言『有左氏癖』。司馬公七歲講左氏十五書，無不通。
殿中無双丁孝公。丁鴻解經不窮戴侍中。戴豐肅宗詔定，五經同異於白虎觀，戴豐重十五席語云云。諺曰：『遺子黄金滿籯，不如一經。』韋賢，字玄成，復以明經位至宰相。
治經，玩物。傅堯俞課治經史，知其爲遠器。謝顯道録古人善行作一册，明道先生曰：『玩物喪志。』
無書不通，無所不通。劉原父學廣博，無書不通。王洙百氏之書，無所不通。學慚鼠獄，智乏鷄碑。丁用晦少年迷翰墨，無異蟲蠹木。谷并包書林揚雄賦，翱翔藝苑韓愈。收百氏之闕文，采千載之遺韵。《陸機賦》奇辭奥旨，靡不通達。《韓》茹古含今，無有端倪。皇甫湜撰《韓表志》。沉潜訓義，反覆句讀。磨礱事業，奮發文章，口不絶吟於六藝之文，手不停披於百家之編。補苴罅漏，張皇幽眇。韓。鈎引貫穿，舉大包小。柳。弋志書林，咀風騷於《七略》；耘情義圃，偃圖籍於『九流』。駱。以道爲飲，以文爲食。皮日休。屢益蘭膏燈，猶研免杖墨。元稹。兵法五十家，爾腹爲爾笥。杜。學非探其花，要自拔其根。樊川。學業醇儒富，辭華哲匠能。杜。筆飛鸞聳立，章罷鳳騫騰。昔歲文爲理，群公價盡增。太后當朝肅，多才接迹升。健筆凌鸚鵡，銛鋒瑩鷿鵜。

富貴必從勤苦得，男兒須動五車書。子雲窺未遍，方朔諧太枉。虔之學過於雄，而比方朔，則朔甚邪枉。學如雲夢吞八九，文如壯士開黄間。谷『百發一失，不足謂善射；千里跬步不至，不足謂善御；倫類不通，仁義不一，不足謂善學。』《荀子》。

學冠儒纓，道航聖瀆。居文章籙，登道德藩。高文作古，直道造微。胸吞石渠，舌瀉河漢，負數千載無窮之學，起三百年不振之文。綱二十八宿於心胸，振五三六經之羽翼。學通『九流』而貫以一，道傳百聖而得之宗。讀『八索九丘』之書學尤博古，黜諸子百家之説意在尊經。先知覺後知，任斯文之正統；小德役大德，爲後進之主盟。家傳正學早尋程氏之淵源，躬誦正誠蓋得温公之模楷。探索精微出新議於王弼、鄭玄之外，芟夷陳腐進古文於李翺、韓愈之間。學問得其真傳殆晦菴、南軒之未死，文章特其餘事亦廬陵、東坡之復生。濂溪浚其源，象山導其流，會心有印；慈湖作之師，潔齋爲之友，交臂傳燈。

記問之學

一見輒誦，一覧能識。禰衡。一目不忘，舉目究旨。唐王起。魏邵陵厲公。讀書三復，終身不忘。張巡。一覧千言，輒復誦。蘇頲。假直秘書，奥篇隱帙，了辨如響。未幾辭去，李嶠驚異。李邕。誦千言，識三篋。常敬忠一過誦千言。武帝幸河東，亡書三篋，詔問莫能識，惟張安世識之。口對兵事，畫地成圖。

霍光問，千秋對。練習軍書，唐李邕。默識兵簿。晋劉輿。四海之内，若指諸掌。張華。一閱不再讀，屬条嘗記草。張安道。爲人强記覧，過眼不再讀。

帝王之學

惟精惟一，惟幾惟康。帝曰：『來，禹！人心惟危，道惟微。惟精惟一，允執厥中。』《大禹謨》西山曰：『「人心惟危」以下十六字，乃堯舜此傳授心法，乃萬世聖學之淵源。』禹曰：『安汝止，惟幾惟康。其弼直。』西山曰：『曰「安汝止」，曰幾康者，聖人養心之要法也。』《益稷》。

建中于民，咸有一德。《仲虺之誥》曰：『王懋昭大德，建中于民。』西山曰：『成湯，聖人也，仲虺勉之以學。丁寧切至，有如此者。』《咸有一德》曰：『惟尹躬暨湯，咸有一湯〔一〕。』又曰：『德惟一，動罔不吉；德二三，動罔不凶。』又曰：『終始惟一，時乃日新。』又曰：『德無常師，主善爲師。善無常主，協于克一。』西山曰：『孟子曰：「湯之於伊尹，學焉而後臣之。」又曰：『湯武身之也，則成湯蓋由學入，而其所以有一德者，伊尹輔佐之力也。』

惟克厥宅心，敬勝怠者吉。《立政》：『文王惟克厥宅心。』西山曰：『文王生知之聖若

〔一〕今按：『湯』，中華書局《十三經注疏》本作『德』。

無所事乎學，而其所謂克宅云者，是乃文王之學也。』克厥宅心：安定其心。《禮・踐祚篇》：武王踐祚三日，召尚父而問焉，曰：『黄帝、顓頊之道存乎？』曰：『在《丹書》，齊三日。』王端冕，尚父亦端冕，奉書而入。王東面而立，尚父西面道書之言。『敬勝怠者吉，怠勝敬者滅。義勝欲者從，欲勝義者凶。』西山曰：『克商也訪《洪範》，踐阼也訪《丹書》，可謂急於問道矣。』

《洪範》：王訪于箕子，箕子乃言曰：『天乃錫禹洪範九疇，彝倫攸叙。初一曰五行，次二曰敬用五事，次三曰農用八政，次四曰協用五紀，次五曰建用皇極，次六曰乂用三德，次七曰明用稽疑，次八曰念用庶徵，次九曰嚮用五福、威用六極。』西山曰：『洪範九疇，六十有五字爾，而天道人事無不該焉。原其本，皆自人君一身始。』

小子舊學于甘盤，學有緝熙于光明。《説命》：『王曰：「台小子舊學于甘盤。」説曰：「學于古訓乃有獲。惟學遜志，務時敏，厥修乃來。允懷于兹，道積于厥躬。惟斆學半，念終始典于學，厥德修罔覺。」』西山曰：『學之一言，前此未經見也。高宗與悦始言之，遂開萬世爲學之源。』《詩・敬之》曰：『惟予小子，不聰敬止。日就月將，學有緝熙于光明。』西山曰：『凡人之性，本自光明。惟其學力不繼，是以本然之光明，日以闇晦。今當接續□□□於學猶婦功之積，□□□以廣吾本心之光明。』

安事詩書，受釐宣室。漢高定天下，陸賈説詩書，帝曰：『安事詩書？』賈曰：『文武並用，長久之術也。』著十二篇曰《新語》。文帝賈誼爲長沙太傅，歲餘，入見上，受釐坐宣室，因感鬼神之事，而問鬼神之本。誼具道所以然之故，至夜半，帝前席。西山曰：『鬼神者何？陰陽造化之謂也。帝之問及此，其有意窮理之學乎。』蓋幽明一致□□仁義則知陰陽，而其理一源□□□則能至命。誼之對亦嘗及此否耶。厥後新垣平以詭詐進，帝爲之惑，是未嘗知鬼神之情狀也。帝有窮理□□□，誼無造理□學故，君德成就，從有愧於古。

武帝之學，宣帝之學。武帝即位，董仲舒對曰：『勉强學問，則聞見博而智益明；勉强行道，則德日起而大□□〔一〕。』西山曰：『勉强學問者，致知之事也。勉强行道者，力行之事也。又曰：『言出於己不可塞也，行發於身不可掩也，故盡小者大，謹微者著。《詩》云：「維此文王，小心翼翼。」故堯兢兢日行其道，舜業業日致其學。』西山曰：『西漢儒者，惟一仲舒。其學純乎孔孟，其告君亦必以堯舜。』倪寬見武帝語經學，上曰：『吾始以《尚書》爲樸學，及聞寬説可觀，乃從寬問一篇。』西山曰：『典、謨、訓、誥、誓、命之文，皆人主之軌範也。』

〔一〕今按：疑爲『有功』。

武帝初學不好，既失之矣，又問一篇，則不好如右也。武帝詔求爲韓嬰詩者，徵蔡義，召見説詩，甚悦之，擢爲光禄大夫給事中。進授昭帝既引以自近，又使授其子，意亦美矣。然不知義之講説，果能有得詩人之指耶？夫詩三百以《關雎》爲首，重風化之源也武帝之。衛后以謳者進，李夫人以倡進，大本如此，他可知矣。故窮奢極欲，則非《鴛鴦》之義；重賦横斂，則昧《碩鼠》之戒。以天旱爲乾封，安有雲漢之恐懼？用讒言殺太子，不監《青蠅》之罔極。子曰：『誦詩三百，授之以政，不達。雖多，亦奚以爲？』

宣帝高才好學，年十八受《詩》《論語》《孝經》，詔曰：『朕不明六藝，鬱于大道，是以陰陽風雨，未時其舉吏民。厥身修正通文學，明先正之術，宣究其意者二人。』又作色曰：『漢家自有制度，本以霸王道雜之，奈何純仁德教，用周政乎！且俗儒不達時宜，何足委任！』西山曰：『人君不明經不知道，則無以正心而修身。一念之不純，一動之失中，皆足以干陰陽之和。故《洪範》以雨陽燠寒風之時，爲肅乂哲謀聖之應，以五者之不時，爲狂、僭、豫、急、蒙之應。』後世人主鮮或知者，而帝獨知之，可謂卓然有見矣。然其所舉吏民之明、先王之術者，乃寂無聞焉。宣帝嘗受《論語》矣，語曰：『道之以德，齊之以禮。』又曰：『子爲政，焉用殺？』夫子之意，欲任德教也。又嘗立《書》《春秋》于學官矣，孔子定書，記文、武、成、康之政。《春秋》尊王道，黜霸術，夫子意欲用周政也。帝曰：『德教不可任，周政不可用，則是《論語》不必受，《書》《春秋》不必立也。』俗儒是古非今，固不足用，獨不當求真儒而用之乎。以俗儒不達時宜，而並儒之通世務者棄之，是因噎而廢食也。

光武之學，明帝之學。光武受《尚書》，通大義。受《尚書》於廬江許子威。召桓榮敷奏經義，引公卿郎將講論經理。西山曰：『宜其光復舊物，身致昇平。視夏康、周宣，蓋庶幾焉。惜其時儒臣如伏湛侯霸輩，皆章句書生未明乎，古人格心之學。故以無罪廢正后、易太子，則有愧刑家之義；以直諫殺大臣，則有愧如流之美。明帝十歲，通《春秋》，爲太子師事桓榮，學通《尚書》。即位，尊以師禮，嘗幸太常府，令榮東面。後三雍成，拜榮爲五更，升堂執經，自爲下說。』下語講説詔曰：『三老李躬年耆學明，五更桓榮授朕《尚書》。』賜榮爵關内侯。西山曰：『學者，所以治性情者也。故匡衡有言「治性之道，必審己之所有餘，而强其所不足」。』《傳》稱『帝性褊，察好以耳目隱發爲明，公卿大臣數被詆毁，近臣尚書，至見提曳』。帝嘗受書於師矣。《書》之稱堯曰『允恭』，稱舜曰『温恭』，文王曰『懿恭』。曰『御衆以寬』，曰『寬綽厥心』，帝於二者既無容人之度，兩皆失之，又失遇下之禮。先儒未讀是書，猶是人也；有言既讀是書，亦猶是人也。

章帝之學，太宗之學。爲太子受業於張酺，元和二年東巡，酺守東郡，帝幸東郡。先備弟子之儀，使酺講《尚書》一篇，然後修君臣之禮。西山曰：『尊經事師，不愧前人。又戒苛切，事從寬厚，奉母后以孝惠養元元，遇同性以恩除去苛法。雖其天質之美，亦知學之力也。惜其時，師臣如張酺者，其所學不過章句之業，所以輔成德美者，如是而止。』太宗身屬櫜鞬，鋭精經術，即王府，開文學館，召名儒十八人爲學士。既即位，置弘文館，引内學士番宿更休。西山曰：『召名儒爲學士，此三代以下所無也。置弘文館，引内學士，聽朝之暇與討古今，此又三代以下所無也。』我朝列聖，抄選名儒，邇英崇政，延訪從容，夜直禁中，不時召對。夫晝訪足矣，又必加以夜對，何也？人主一心，攻者甚衆。晝日便朝，薦紳儼列，昌言正論輻湊于前，則其操守也易。深宫暮夜，貂璫嬪御，紛華盛飾，雜然眩目，故其持養也難。太宗謂侍臣曰：『梁武帝惟談苦空，元帝猶講老子。朕所好者，堯舜周孔之道，如鳥之有翼，魚之有水。』西山曰：『太宗鑒蕭梁之失，不取老釋二氏，而惟堯舜周孔之道，是好可謂知所擇矣。』然終身所行未能無愧者，以其嗜學雖篤所講者，不過前代之得失。而於三聖傳授之微指，六經致治之成法，未之有聞。其所親者，雖或名儒，而奸諛小人亦厠其列，安有佛時仔肩之益？故名爲『希慕前聖』。而於道，實無得焉。太宗曰：『人主一心，攻者甚衆，或以勇力，或以辯口，或以諂諛，或以奸詐，或以嗜欲，輻湊攻之，各求自售。人主少懈，而受其一則，危亡隨之。』西山曰：『太宗能嚴奸佞之防，未脱嗜欲之阱。閨門之内，既多慚德，而武才人，狐媚之惑。卒基異時，移鼎祚翦宗支之禍焉。蓋由天資之高，有以知夫衆攻之原；學力之淺，無以勝其最甚之害。』

明皇之學，憲宗之學。明皇以馬懷素爲散騎常侍，與褚無量更日侍讀。每至閤門，令乘肩輿，或在別館宮中乘馬，親送迎之禮，待以師傅之禮。開元中，置麗正書院，聚文學之士，或修書，或侍講。西山曰：『明皇初政，明學右文。若使當時得一真儒，日以堯舜三王之道、六經孔孟之言陳之于前，必格物以致其知，則於是非邪正之辨，瞭然不惑；必誠意以正其心，則於聲色貨利之誘，確乎不移；必修身以正其家，則於父子夫婦之倫、朝廷宮寢之政，各盡其道。奈何張說之流以文墨進，無量懷素章句之儒，帝□有志於學，講明□沃者僅。如此，是以文物之盛，雖極於開元。而帝心已溺於燕安，女子、小人内外交煽，根本日蠹，欲其無禍亂，得乎？故人君之學，苟不知以帝王爲師，以身心爲主，未見其有益也。』憲宗讀《貞觀開元實録》，見《太宗金鏡書》，及《帝範》、玄宗《開元之訓誡》，帝遂采《尚書》《春秋》《史漢》等書，君臣行事可爲龜者集成十篇，曰《君臣道合辨邪正》。戒權倖，戒微行，任賢臣，納忠諫，謹征伐，重刑罰，去奢汰，崇節儉，奬忠直，修德政，諫田獵，録勛賢，目曰《前代君臣事迹》，寫於屏風列之座右。西山曰：『憲宗鋭意經籍，集爲龜鑒。然平蔡之後，驕侈遽形，十有四條，無一不悖。』蓋居中而制萬事者，心也。古先聖王必於此乎用力，故一心正而萬事莫不正。憲宗知監前代成敗之迹，而不知古人大學之源。屏幃雖在，視之爲虚器矣，志慮已移由其心之不治故也。當時群臣獨一裴垍能進正心之説，而心之所以正者，亦莫之及焉。

漢元帝之學，魏文帝之學，魏後主之學。元帝多才藝，善史書，少而好儒。即位用儒，而上牽制文義，優游不斷。西山曰：『人君之學，不過修己治人而已。元帝於此二者未嘗致意，而所好者筆札音律之事。昔顔淵問爲邦，孔子以「放鄭聲」語之。今帝之所好者，吹洞簫自度功，正所謂「鄭聲也」。』

文帝雖在軍旅，手不釋卷，少誦詩論，長歷五經，史漢、諸子百家之言，靡不畢覽，所著書、論、詩、賦六十篇。陳壽曰：『天資文藻，下筆成章。博聞强識，才藝兼該；若加以曠大之度，礪以公平之誠，古之賢主，何遠之有！』西山曰：『與阮瑀諸人游，號「建安七子」。其藻麗華靡則誠有之，揆諸風雅典誥，則罪人也。』後魏主珪問博士李先，曰：『天下何物可以益人神智？』對曰：『莫若書籍。』珪曰：『書籍有幾，如何可集？』對曰：『書契以來，世有滋益，苟人主所好，何憂不集！』珪遂命郡縣大索書籍。西山曰：『書籍雖多，切於治道，「六經」而已爾，《論》《孟》而已爾。惜乎李先凡陋之儒，智不及此，徒使魏主以聚書爲美，而無得於書。求神仙，濫刑戮，溺聲色，卒隕其身，圖書山積，何益於萬一哉？』

唐文宗之書史，漢靈帝之文學。文宗聽朝之暇，以書史自娛。西山曰：『《易》曰：「多識前言往行，以蓄其德。」使文宗而知此義，則玩乾健以養其剛，體離麗以養其明，於君子小人之分，必能別白，何至柔懦不立以赧獻自比？其於書史，了無毫分之得。正坐以之，自娛故耳。』靈帝好文學，自造皇羲篇五十章，引諸生爲文賦者待制鴻都門下，爲尺牘工書鳥篆者，皆加引召至數十人。西山曰：『詞賦小技，揚雄比之雕蟲，篆刻，壯夫且耻爲之，况人主乎？賦猶無用，况書篆末隷乎？靈帝名爲好學，而所取乃爾。』

陳後主之學，隋煬帝之學。後主宮人□〔一〕學者，爲女學士。《綱目》作『袁大捨等』。使女學士狎客共詩賦，采其艷麗者被以新聲。煬帝善屬文，薛道衡死，帝曰：『更能作「空梁落燕泥」否？』王胄死，帝誦其佳句曰：『庭竹無人隨意緑。』嘗曰『設令朕與士大夫高選，亦當爲天子矣！』西山曰：『陳隋二君，工於詞藝，一則因是而君臣相狎，一則因是而君臣争勝，卒至亂亡。然則帝王之於詞章，皆非所當作乎。』曰虞帝則天之歌，大禹朽索之訓，成湯官刑之制。炳炳烺烺垂耀千古，若大風之安不忘危，金鏡之任賢去不肖。揆之帝王，抑其次也。若夫雕鏤組織與文士争一日之長，固可羞已，况於淫褻猥陋如陳隋之君乎？大業十一年，增秘書省百二十員，帝好讀書、著述，自

〔一〕今按：疑爲『文』字。

爲『揚州總管』，置學士百人。初，西京嘉則殿有書三十七萬卷，命柳顧言除其複重猥雜得三萬七千餘卷，納於平都修文殿。發明學之爲王者事，其已久矣。堯舜禹湯文武汲汲，仲尼皇皇皆是物也。自後世，人主好學者，無幾。然亦有好之而無補於事，如蕭繹、隋煬之徒者，何哉！夫學之爲道，雖非一端，要以孝弟仁義爲本。二君爲子則不孝，爲弟則不弟，爲君則不仁，爲人則不義，是其大本已失矣。雖朝誦暮習，亦復何益？况又其所謂學，亦徒從事華藻之末者乎？

聖學 林馴

論聖學之博，不若論聖學之精；論聖學之勤，不若論聖學之專。『終始惟一，時乃日新』，可以知成湯聖學之精且專，而湯之所以精專者，《商書》曰『不邇聲色，不殖貨利』。日就月將，緝熙光明，可以知成王聖學之精且專，而成之所以精專者，《無逸》曰『無淫于觀、于逸、于游、于田』，又曰『無迷酗于酒』。

六經之表率，百家之罷黜。見於武帝。建元之初年，固也。然一事征伐則此心已肆於窮黷矣，一興土木則此心已縱於奢侈矣，一惑長生則此心已荒於神仙矣，何怪帝學之不雜？

文籍之討論，名儒之訪問。見於太宗。開館之初政，固也。然浮屠之立則此心不能不惑於異端矣，射獵之好則此心不能不縱於游田矣，雪耻之夸則此心不能不馳於遠略矣，何怪帝學之不怠？

宋朝經史講論，足矣。而且或節孝經之要語，吕公著，哲宗時。或取伯陽之緒言。淳化五年上讀《老子》。或進陸贄之奏議，孝宗或覽正觀之政要。慶曆八年祖訓進讀，足矣。而且或披仁祖之二圖，元祐五年或閱太平之總類。范祖禹言仁宗慶曆元年，出御製《觀元鑒古圖》示輔臣。皇祐元年，召近臣觀《三朝訓鑒圖》。興國八年，語宰相曰：『太平總領自今日進三卷。』或上帝學之三卷，或上三朝之聖政，此足見聖學之博矣。

講學經筵，可矣而復。有宫中之觀書，元祐七年，上曰：『惟是觀書。』有禁中之日課，紹興七年上曰：『朕喜《春秋》。』有退朝之覽奏。仁宗講學常時，可矣而復。有夜分而觀書，太宗有炎暑而講經，天聖四年有風雨而親御經幄。神宗此足見聖學之勤矣。噫！論其博，不若論其精；論其勤，不若論其專。

酣酒嗜音，范祖禹拔此以告其君，則誦之而無斁；飲食宴樂，林瑀借此以誘其君，則斥之而不聽。范祖禹講《尚書》畢，願陛下留聽哲宗，首肯者三。慶曆二年，瑀言：『即位，其卦直需，其象曰「飲食宴樂」，臣欲陛下頻出游宴則合卦。』上遂斥之。大抵自古不患學術之不正，而患心術之不純；不患心術之不純，而患外物之易誘。祖宗驗之以朝夜之氣，體之以清明之德，警之以《中庸》《大學》之學，守之以『暗室屋漏』之誠。此正舜之業業，禹之汲汲，成湯日躋，文王不已之意也。《易》之乾乾，《詩》之於穆，《書》之精一，《記》之不息之旨也。昔程子在元祐講筵，專以正君心爲本。文公在淳熙經幄，首以誠敬爲勉。此正帝王之家法也。

聖製同人

聖人之道，與天地同其妙；聖人之文，與天地同其工。方蘊而爲道也。醞藉乎仁義道德之旨，涵蓄乎禮樂綱常之端。古今治亂得失之旨，有以博其見；萬物變化生成之蘊，有以養其思。此如，天地之斂爲元氣，混淪磅礴而不可窺其秘也。及發而爲文也，布造化於紙上，散陽和於筆端。媲墳襲經，戛韶切頀，滿心而溢而不足以費其精神，肆筆而成而不足以役其念慮。此如，天地之散爲風雲雨露，爲日月河漢而不可掩也。是故，是文也，當以天地論，而不當以經生學士論；當以聖道論，而不當以一技一藝論。夫伏羲之八卦，非八卦也，蓋天地之機緘、陰陽之藴奥於此焉出；大禹之九疇，非九疇也，蓋彝倫之本原、皇極之旨要於此乎見。且後之所謂文其形於歌咏也，其寓於述作也，或爲歌，漢武。或爲論，魏武。或爲賦，魏武。或爲序，唐玄。或爲樂章，漢武。或爲書，魏武。或爲詩句，唐文。或爲範。唐太。然正心誠意之學，已墜於文墨之中，危微精一之妙，不關於言語之上。噫！可嘆也。我國天葩睿藻崢嶸於文府之秘，寶字瓊章輝煌於傑閣之嚴，猗與休哉。

觀真宗之聖製也，進士有詩，崇儒有論，所以振文教之隆；龍圖有贊，太清有記，所以示圖籍之尊；歌嗚念農，吟咏貴食，所以重邦本之貴。然真宗之文非專於文也。觀其與王元之論文，而極論王者之文，且謂雕纖之言，豈足軫念？則知真宗之製，無非學之所充歟！

觀孝宗之聖製也，喜晴托咏，秋雨述懷，所以述規恢之志；詩播冷泉，吟寫郊禮，所以述孝敬之念；用人著論，秘閣著詩，所以表敬臣之心。然孝宗之文非泥於文也。觀其序高宗之聖政曰『進而得之諄諄之訓，退而求之渾渾之書』，則知孝宗之製無非學之所積歟。《喜晴詩》：『平生雄武心，覽鏡朱顏在。豈惜常憂勤，規恢須廣大。』《秋雨述懷》：『神京即未遠，當繼沛中歌。』

作文宣贊，作究國寶。重聖道也，藝祖。賜趙普詩，賜楊億詩。眷大臣也，太宗。賜楊億詩：『鎖闥往年司制誥，共加藻恩類相如。』著危竿喻，著鑒古記。謹保治也，仁宗。草親征詔，草討賊命。志中興也，高宗。儲之玉林，鬼神呵護。布之天下，臣民傳誦。如圖書肇於河洛而疇卦演其奧也，如雲漢麗於層霄，而萬物睹其光也。

家學同人

論家學之源流，曰祖訓，曰父政。述漢文故事於武帝之朝，讀唐太政要於憲宗之世，此祖訓之所當講明也。惠帝守漢高之約束，肅宗修明帝之故事，此父政之所當遵守也。是故舜受堯之天下也。父子一堂，揖遜相授，輔佐則因堯也，法度則因堯也。

武繼文之統緒也。朝夕定省，跬步不忘，人才則因文也，政事則因文也。聖宋天開，炳炳乎三百年之光；明君代出，繩繩乎十四傳之盛。方太宗之法，太祖也，蓋有得躬傳之實。嗣位之詔曰『紀律已定，謹當遵守』，則創業之宏謨，御兵之聖略，同一軌轍也。方仁宗之法，真宗也。蓋有得面戒之日，嗣位之詔曰『奉真考之業，思真考之養民』，則守成之丕憲，愛民之至意，同一念慮也。孝宗之法，高宗也。又有得侍養之久，聖政之序曰『進而得之諄諄之訓，退而求之渾渾之書』，則中興之神算，立政之成法，又同符而一揆也。

抑又論之太甲，無忝於成湯，皆伊尹格心之學。成王歷知先公之艱難，非周公之功而誰功，此又大臣勸戒之意也。熙寧天子安石，不快於仁宗者也，有志潤色，唱爲祖宗，不足法之説。惠卿迎合於安石者也，立爲一年一變法之説。惠卿進説：『有一年一變者，有五年一變者，有卅年一變者，有百年一變者。』

聖翰同人

王褒一頌，此頌之工者，今日書之，所以侈聖賢之遇合也。陸機一賦，此賦之美者，今日書之，所以示文章之好尚也。寶慶二年，御書賜相，陸機《文賦》。宸章一布河漢争輝，心畫一形海宇仰望。

古者有心於道而無心於書，有心於治而無心於書。其後於書加詳，而道與治無與焉。且河圖之畫，以道之所寄也，不得不形於畫；盤銘之字，以德之所寓也，不得不托於字；石鼓之文，以功之所形也，不得不寓於文。故曰『有心於道而無心於書』也。

十札之書，頒及方國，儆吏治也；光武。飛白之字，賜及近弼，禮大臣也；太宗。帝範之書，貽示後嗣，重國本也。太宗。故曰『有心於治而無心於書』也。氣龐道駁，文存意泯。臣工筆法，君至相忌。宋武帝。君得弋書，臣皆稱慶。王僧虔。龍翔鳳翥，體非不精也；霧捲霞舒，筆非不壯也。然殫精竭誠於毫釐之巧，而絶無正大之學；寫情隆意於點畫之粗，而類無高明之見。故曰『於書加祥，而道與治無與焉』者也。嗚呼！以禮樂爲管，以天常爲筆，而後可書。以心爲畫，以道爲工，而後可書。

昔王文正公之語士遜也，曰：『皇太子不必學書。』夫書不可闕也，學以爲巧則非帝王之書。孝宗之奉高宗書也，曰：『所以崇儒重道者，可謂至矣。』夫書不可無也，無關於道，則非有益之書。且《孝經》一書，百行之本，則書之以勒碑陰，曰：『將以垂世教也。』太宗臨民奉法，吏治之要，則書之以賜棘寺曰：『將以厲吏治也。』太宗。

玉堂四字，以寵翰林，則有意於重文辭；淳化四太宗。秘閣二字，以寵秘書，則有意於重閣職。淳化二《飛白書》。

以文儒之字賜張方平，慶曆八。以博學之字賜張錫，無非示文學之勸。皇祐元。以端敏之書賜王居正，以日新厥德之書賜張士遜，無非爲臣下之勉。仁宗。高宗親翰，輝映胄監。書《中庸》賜進士，書《孟子》列屏幛。書《趙充國傳》以修營田，書《羊祜傳》以修睦鄰。寧宗奎畫，寵示外庭。

易、簡二字形之天筆，則知有得易之妙蘊；《有臺》一章錫之臺衮，則知有得詩之本意。噫！不寶烏號之弓而寶此筆，不藏曲阜之履而藏此書。《蘇軾記》云：『抱烏號之弓不若藏此筆，寶曲阜之履不若傳此書。』

賜書翰

伏羲龍書，帝堯龜書。獲景龍之瑞，作龍書。因靈龜之圖，作龜書。

德宗灑金鑾，玄宗寫琬琰。史臣云：『灑翰金鑾，無愧淮南之體；屬辭鉛槧，何慚隴底之書。』《孝經序》：『寫之琬琰，庶有補於將來。』

美馬燧而賜銘，嘉盧奐而題贊。帝賜台衡宸房二録言君臣相戒之美，帝至陜嘉盧奐美政，題贊廳事曰：『專城之重，分陜之雄，亦既利物，内存匪躬，斯爲國寶，不墜家風。』

親灑仙毫，聖於翰墨。《劉禹錫表》：『特紆睿眷，親灑仙毫。』《張説頌》：『聖於翰墨，蒼頡之妙也。』

翔鸞，威鳳。禹錫：『鸞鳳騫翔而變態，烟雲舒卷而呈姿。』唐長孫無忌，帝作《威鳳賦》以賜，且况其功。

賦三傑，賜萬國。《宋璟傳》：『帝賦三傑詩，自寫以賜。』《光武手迹》：『賜萬國一札十行。』『麗天垂露，結霧霏烟。行行若縈春蚓，字字若綰秋蛇。』

賜書玉堂之盧，揭額琳宫之榜。真宗《飛白書》，玉堂之廬，賜蘇易簡。仁宗《飛白書》，琳宫之榜，篆額勛戚之碑。

藏之名山，圖於講殿。太宗草書經史三十紙，刻石摸印詣名山藏之。高宗書《無逸圖》，設講殿壁。

刻之金石，賜于丘園。建炎，秦檜乞以御書，真草《孝經》，刻之金石。太宗丘園養素好古，博雅之士賜經史三十紙。

賜明良慶會之字，取國家齊治之義。孝宗書明良慶會，閣字賜史官。高宗寫《旅獒》、『大有』、『大畜』、《孟子》之言於素屏，黄潛善曰：『陛下於《書》取謹德、昭德之義，於《易》取有賢、養賢之道。正心誠意，齊家治國者在德；立政造士，致君澤民者在賢。』

神筆奇奧仁宗，懿翰發揚真宗。天縱精妙，睿制發揚。太宗嗜學，實由天縱，屬思授翰，必極精妙。睿制發揚，實總前躅，摛染所及，洪纖必該。宇宙入於胸懷，風雲出於掌握。

戒驕厲廉，澄神静慮。高宗御書：戒驕惰，厲廉節。詔於尚書省立石。淳化御書飛白，賜近臣曰：『學書當澄神静慮，興在筆端。』

賜王褒頌，書陸機賦。寶慶御書，寶慶親書。

輕雲蔽月，長風捲浪。蘇軾《飛白贊》：『霏霏乎若輕雲之蔽月，翻翻乎若長風之捲浪。飄飄乎若游絲之縈柳絮，裊裊乎若流水之舞荇帶。離離乎其遠而相屬，縮縮乎其近而不

□[隘]。』

鸞回，龍變。杜詩：『紫誥鸞回紙。』鄭獬《謝賜飛白》：『奎成蒼頡字，龍變伏羲書。軸動星辰後，筆停風雨餘。珍藏傳萬古，安敢比瓊琚。』杜詩：『御札早流傳，揄揚非造次。』

倬彼雲漢方嚴一德之藏，昭若日星申賜萬方之寵。垂世立言與聖經而表裏，崇儒重道因宸翰而發揮。藴奥之義默契於淵衷，昭回之光發揮於宸翰。雲章寶迹一灑萬幾之餘，蠹簡塵編遂增九鼎之重。須自九重固已金聲而玉振，兼通八法無非墨妙而筆精。畫龍跳虎踞之工，極鳳翥鸞回之妙。十行奎畫永資神物之護持，千里□邦共戴天威之咫尺。三復而誦恍奎壁之增光，十襲以藏等乾坤而不朽。窺文竊嘆聳雲漢之昭回，拜貺增榮覽天顔之咫尺。

理學異同

周程張源流之學黄履翁

周子接洙泗之統也，而有不由師傳，默契道體之妙；程子從濂溪之學也，而有吟風弄月，吾與點也之意；張氏得伊洛之論也，而有盡棄所學，從事於道之舉。嗟夫！秋陽皜皜世不復睹；泰山岩岩遺迹不存。

考其議論，驗其問答。周子多異於洙泗之論，程氏復乖於濂溪之説，張氏與程又若劍佩相笑。嘗觀《通書》之言『中』，以和爲訓，非中庸之意也；《通書》之言『誠』，以擬議爲言，非與中庸之説相類也。《通書》：『至誠則動』，故曰：『擬之而後言，議之而後動。』圖之言太極之上而加以無極，非大易之旨也；圖之言『五行』，但於《易》『四象』以爲水、火、金、木而即其中而爲土，非與大易之論相合也。

曰知周子以時中言，則達道亦可以言中；知周子以誠之事言，則擬議亦可以言誠。知無形而有理之意，則信周子非於太極之外而復有無極；知本體不差並行不悖之理，則信周子於四象之中而亦爲五行。大抵所指雖彼此，而本原之不失；所見雖詳略，而體統之不紊。

又觀《遺書》之言『仁』也，曰仁之道，但以公字論之，其與《通書》德愛曰仁之言不一也。《易傳》之言復也，曰動之端，蓋以元字論之，其與《通書》利正誠復之言不同也。《通書》：『誠無爲，幾善惡，德愛曰仁，宜曰義，理曰禮，通曰智，守曰信。』元亨誠之通，利貞誠之復。曰『仁，難言也。愛者仁之德，公者仁之理。』曰『愛』、曰『公』，皆善狀仁者，何疑焉？復難窮也，『元者以動』言『利正者以動』，言『利正者以静』言『曰動曰静』，皆善言復者，何惑焉？

大抵體用雖異説而同其本，動静雖異論而同其理。伊川曰：『理也，性也，命也，三者之異也。窮理則盡性，盡性則知命矣。』横渠則曰：『盡性知命，如穿渠引源，是二之也。』伊川曰：『心也，性也，天也，三者一理也。能盡心，則知性、知天矣。』横渠則曰：『以心知天，猶居京師往長安，亦二之也。』曰混而一之者，自得之學也；歧而二之者，爲學者言之也。自得之學在君子，則可在他人則躐等矣，此横渠不敢以伊川之説語人也。其言異，其旨同。

嗟夫，夫子太極見而知者或忠恕，或仁孝；聞而知者，或中庸，或仁義。均之傳道統，均之淑人心。况二三君子發其户牖於群聵之中，演其支派於衆流之後，相佐佑而無背馳，相羽翼而非遼絶。愚所惜者，濂溪本得於孔孟也，而謂太極一圖傳於种穆希夷之派。無乃以虚誕待濂溪乎，而晦翁得誌文考之謂先生自作，而非有所授於人者。程氏本學於周子也，而謂二程問答，獨未嘗及此圖，無乃以背師疑程氏乎，而南軒謂太極圖周先生手授二程者。『横渠』本出於程氏也，而關中諸生欲尊其師，自爲一家。無乃以彎弓反射，待横渠乎？而龜山跋横渠與伊川之簡，特言横渠之學出於程氏。

儒學同異

胡邵程氏本同道。黄履翁。

言經學者，主安定；言數學者，主康節；言理學者，主二程。蓋伊川之講學，嘗游於安定之門墻；康節之談道，素交於程氏之兄弟。師友學問同一源派。且經義治道，各分其齋；文藝節義，各殊其類。其效見於梁柱榱桷之詩，其驗見於純明直温之對。荆公詩先收以次，先生作梁棟桷與榱。熙寧二年，劉彝召對，上曰：『安定門人，在朝爲誰？』曰：『錢藻之淵篤，孫覺之純明，范純仁之直温，錢公輔之簡諒，是安定專於明經。』先天之圖講明象數，經世之書考驗休咎。大而聞杜鵑以卜其世之治亂，微而觀牡丹以定其物之榮枯。熙寧戊申，聞杜鵑不樂，曰『人起東南亂天下』。司馬文正種牡丹，曰某日某時馬踐死，是康節專於言數。以誠敬爲入門，以踐履爲實地。自致知至於知止，自洒掃應對至於窮理盡性，是程氏專於明理。

大抵支派若殊分而根源實一本，塗轍若殊趨而歸宿實一致。顔閔之德行，游夏之文學，固殊尚矣，而實同出於孔門善誘之教。子思之《中庸》《孟子》之仁義，固異入矣，而實同本於曾子一唯之旨。三君子者，其傳均出於孔孟，其説均出於六經，其持論均尊王道而黜霸功，其存心均崇仁義而抑功利，其衛道均斥異端而明正統。

仁義爲體之學，與《遺書》言『仁』者相表裏，至誠直心之訓，與《中庸》論心者同脉絡。不然好學一論，講明性情，非源流安定之學乎。則知安定之學，初非捨理而言經也。觀性觀心之序，即盡心知性之旨。『動心忍性』之喻，即治怒治懼之説。不然天地一問，究極其理，非聞諸康節之論乎。則知康節之學，初非外理而求數也。

《大易》有傳，《中庸》有解，同一經學也。兔起八卦，梅知乾坤，同一數學也。

中堂改法之議，諸賢寬民之語，同救新法也；講用兵戰陣之法，論过防治道之學，同談兵學也。不然一則曰『安定之門人』，二則曰『安定之門人』；一則曰『康節振古之豪』，二則曰『康節内聖外王之道』，又何咏嘆之不自已郁（耶）？則知程氏之學得於安定，而合於康節也。

噫！太極之運行則爲兩儀、爲二氣、爲五行，吾道之充廣則爲經術、爲象數、爲理義，曷嘗有二本哉？然安定之傳其後寂寥，康節之書流於卜筮，伊洛一派日月争光。是故一傳而楊龜山、馬時中壽靖康之脉於國勢綴旒之際，再傳而胡安國、高閌扶紹興之業於權臣炙手之日，又再傳而朱紫陽、張南軒濟純熙之治於道學復然之時。

經

『大哉，天地之爲萬物郭，五經之爲衆説郛。』揚子。

乞爲太常，典領五經。孔臧欲爲御史大夫辭曰：『臣世以經學爲業，乞爲太常，典臣家業。』上以爲太常，其禮賜如三公，臧孔子十二世孫。王莽薦劉歆，更名秀，詔典領五經，卒父家業。

置博士，立石經。漢武置五經博士。書置博士何？嘉尊經也。靈帝熹平四，立石經于太學門外。書法：書尊經也。

置石渠而講經，御講堂而説經。甘露三詔諸儒，講五經異同於石渠閣。成立梁丘易，夏侯尚書，穀梁春秋博士。書嘉統一也。梁丘賀，字長翁，從京房學《易》。夏侯勝，字長公，從長主受《尚書》。夏侯建，字長卿，勝以《書》受建。《尚書》有大小夏侯之學。穀梁淑，一名赤，字元始，魯人。孔子以《春秋》授子夏，子夏授穀梁，穀梁授孫卿，孫卿授申公，申公授江翁。永平十五，至魯，詣孔子宅，親御講堂，命太子諸王講經。書法：此其書詣何？不以位加道也。

議五經之同異，置五經之博士。孝章建初四詔諸儒，會白虎觀，議五經同異。書法：書置博士何？嘉道武也。

嘉尊經也。魏元興二置五經博士。書法：書置博士何？嘉道武也。

匡衡進言，蘇威納説。匡衡曰：『臣聞六經者，聖人所以統天地之心，著善惡之歸，明吉凶之分，通人道之正，使不悖於其本性者也。』及《論語》《孝經》，聖人言行之要，且究其意。隋納言蘇威，言於隋主曰：『臣先人綽，每戒臣云「惟讀《孝經》一卷，足以立身治國」。』

補三字之經，遷石經于鄴。魏神龜元，補三字石經，洛陽有漢立三字石經，及魏馮熙毁以建浮圖。國子祭酒崔光請遣官守，親命博士李郁等補其殘缺，太后從之。劉騰作亂，事遂寢。書法：未卒事也，其書之何？嘉尊經也。東魏武定四，遷石經于鄴，凡五十二碑。書法：書尊經也。

太子監國，陸質侍讀。順宗立廣陵王爲太子，杜黄裳請太子監國，韋執誼以陸質侍讀，太子怒曰：『陛下令先生講經義耳，何爲預他事？』質懼而出。胡氏曰：『陸淳避太子名，改質。有功於春秋，而名在八司馬之先，一何悖哉！』劉禹錫、程异、陳諫、柳宗元、韓泰、韓曄、凌準、韋執誼。蓋窮經旨而不歸之理義，則經必不明；索理義而不歸之於心，則理必不得。心不得理則心也、理也、經也，猶風馬牛之不相及也。然太子所謂『講經，何預他事』，亦失言也。善講經義者，必以今世之事參之，然後其合否可斷。惟淳學不治心，心不自正，是罔知所對耳！

于休烈之不與，裴光庭之遂與。開元十九年，吐蕃使者稱公主求《毛詩》《春秋》《禮記》，正字于休烈疏曰：東平王漢之懿親，求《史記》《諸子》，漢猶不與，况吐蕃國之仇讎。今資之以書，使知權略，愈生變詐。裴光庭等奏：吐蕃久叛新服，賜以詩書，庶使漸陶聲教，化流無外。休烈徒知權略變詐之語，不知忠信禮義，皆從書出也。遂與之。

刻九經之版，成九經之版。初刻版，印賣之。書法：書賣之何？譏也。然學者得書之易，自此始故，特書初。後唐明宗長興三年。周廣順三年，九經版成。書法：於唐書初，於周書成，録實也。

杜：『劉向傳經心事違』，詩經書滿腹中。杜牧詩：『經書刮根本。』

梁顥窮經，宋清博經。

《换鵝經》《種魚經》。谷：謝公歌舞處，時對《换鵝經》。《種魚經》，范蠡作。

《相鶴經》《相牛經》，寧戚作。

《相馬經》，李百藥作。《本草經》，炎帝還書《本草經》。

《黄庭經》《太玄經》。坡：往來三世空煉形，竟坐誤讀《黄庭經》。揚雄作《太玄經》。

劉歆曰：『吾恐後人覆漿瓿爾。』

醉六經，坐三經。文中心若醉六經。《説苑》：孔子困於陳蔡，坐三經之席。《鵝聽經》，《馬馱經》。僧惠遠養一鵝常隨聽經，若説他事，鳴翔而去，如是凡六年。漢明帝騰竺法蘭，白馬馱經至東都，中國佛經始于此。詞章漱六經，白首誤窮經。白首太玄經，教子宜教執一經。辛苦遭逢起一經，詩書還羨老明經。

經學 林駉

聖經不幸於後世者三，曰議經，曰僭經，曰叛經。自夫有議經之説也。《書》則疑伯益之死，《記》則辨月令之非。《史通》疑伯益之死，爲啓所誅。鄭康成云：官名時事，不合周法。指《易》爲卜筮之數，秦人指《詩》不當暴醜亂之迹。讀《禮》未知篇數，已謂爲戰國之書；讀《春秋》未知十二公，已議三傳之失。司馬公上書：『新進後生，未知臧否，讀《易》未識卦爻，已謂《十翼》非孔子之言。讀《禮》未知篇數，已謂《周官》爲戰國之書；讀《詩》未知《周南》《召南》，已謂毛鄭爲章句之學；讀《春秋》未知十二公，已謂三傳可束高閣。』噫！以蠡測海，妄窺涯涘，君子知議經者之過。

自其有僭經之説也。論禮樂者誕荀卿，賡華黍者贅束晳，作《太玄》者妄揚雄。史遷之《實録》，司馬彪之《九州》，《春秋》麟筆之玷耳。王通之《續書》，孔衍之《漢魏》，《尚書》典謨之纍耳。噫！效顰西子反失西子，君子知僭經者之咎。

自其有叛經之説也。受業公羊多詐不情公孫弘，傳業左氏自獻符命劉歆。以從事易學之人而投閣取辱揚雄，以不語怪力之言而欺君自誣張禹，以六典井田之法而助莽篡政劉歆。噫！操戈入室自相背戾，君子知叛經者之罪。

文不喪天，道未墜地。於《易》則先天之學，以心爲本；經世之作，以中自名，因數窮理也。一兔之微可起八卦，梅枝之粗知乾坤，因理達數也。太極一圖天地之本茂叔，潛虚一書萬物之府君實。於《記》則六經門户自《中庸》入鄒浩，學識波瀾自《檀弓》入東坡，物我兩盡自《曲禮》入横渠。以《大學》爲入德之門伊川，以《小儀》盡進退之事吕氏。其言近道，吾得《樂記》焉《童蒙訓》；其事可備，吾得《禮運》《禮記》焉横渠《正蒙書》。

其於《書》與《周禮》也，論《洪範》而辨五事、皇極之鑿，傳《禹貢》而别三江入海之味。東坡。辨『稽古』爲作史之辭《元城語録》，解『放勛』爲稱堯之道《伊川語録》。講《周官》經世之務，當知三代致知之意龜山；行《周官》之法，度當有關雎麟趾之仁明道；論象魏之布法，當知周家田法之説温公。

其於《詩》與《春秋》也，自從删後更無詩，其知詩也達康節；置心平易始知詩，其論詩也明横渠。靈臺之詩，非文王之受命，理窟辨之横渠。破斧之詩，非周公之真破斧，正蒙駁之横渠。究《春秋》之始於王道迹熄之餘《龜山語録》，究《春秋》之終於聖人感麟之因《伊川語録》。五霸功罪莫逃於觀物之一書《康節》，文姜罪戾莫逭於遺書之數語《遺書》。

夫何觀卦之畫指爲老鶴，小大之雅指爲老鴉，非議經而何？坡。新義之行求附六籍，《字説》之作繆戾不經，非僭經而何？荆公。《紀經》梓學謂非法言，《春秋》直筆謂非聖經，又何其叛耶？安石。

援經黄履翁

漢儒有明經之功而不無泥經之失，有援經之言而不無假經之過。董仲舒以元年謹始之義而勉時君之初政，雋不疑以蒯聵出奔之事而辨一時之疑獄，以此立論，豈不爲聖經之幸？惜其考究之不精，講明之不熟，往往以《詩》《書》爲發冢，是則可嘆也已！

來歸自京，我行永久，援之以訟陳湯之功，何泥也？《陳湯傳》乃眷西顧，此維與宅，取之以定南北之郊，何鑿也？《唐衡傳》推遁卦不效以必考課，不可謂無得於《易》。然房之法煩碎已甚，人皆能言其非，豈必得推卦而知其不行乎？《京房傳》用洛十二牧而罷刺史，不可謂無得於《書》。然刺史之法，以卑臨尊正，上下相維義，豈可泥於十二牧之法而罷之乎？《何武傳》。

古者夷狄來朝，坐國門外，丞相霸援荒服之義當矣。或者乃假長發之詩，而從單于於諸侯王之上，抑何與經戾也？《蕭望之傳》古者天子之於宰相，在坐爲起，在輿爲下，司直尊上公之説當矣。或者意慢丞相，乃託尊上人之言以自文，抑何背戾之甚也？《涓勛傳》。

甚者，欲附奸臣則援其『不語怪力亂神』之言，欲行榷酤，則援其有『酒酤我』之文，欲奪其利則援《周禮》『五均』之法。雖然左氏以賦詩之語而定人之禍福，以占易之言而論事之吉凶。《詩》流入於五際，專持子午卯酉以驗人事；《易》流入於五行，專賴淫巫瞽史以決疑心。推波助瀾，漢儒爲甚，是左氏作俑之過也。

秦繆享晋文，賦《六月》以見意。六月宣王北伐之詩也，重耳何足以當之？晋襄享晋文，賦《菁莪》以見意。《菁莪》天子育才之詩也，文公何足以當之？垂隴之役，鄭伯享趙孟，趙孟請賦詩以觀其志，伯有之汰侈知其必亡，豈待賦《鶉奔》之詩而後見哉？昭元之會，鄭伯享大夫，趙孟賦《匏葉》，穆叔賦《鵲巢》。死生禍福，聖人亦歸之命，豈必因賦詩而言不復此哉？

夫左氏述賦詩六十有六篇，而合乎專對之儀者止於甯俞辭《湛露》《彤弓》，叔孫豹辭《肆夏》《元侯》，其餘皆斷章，而不能合聖人之道也。觀之爲卦，先王所以觀民，左氏執其説以驗陳氏之得政。離之爲卦，先王所以繼明，左氏衍其説以符晋侯之必敗。叔孫婼賤賊於家臣，是見善之不明，左氏取明夷之占附楚丘之妖怪。南蒯家臣而臣圖，是用心之不臧，左氏取黄裳之義成惠伯之先見。夫左氏述卜筮三十有三，而有功於名教者止於南蒯之事。其餘皆附會，而不能合三聖之法也。晋范甯謂：『左氏失之誣者，豈不驗歟？』

國朝講《月令》而明奉天之事，范祖禹。講《春秋》而發尊君之旨仁宗。其論《禹貢》也，戒人主之貪心；孝宗時林機。其論乾卦也，諷今日之君道。開寶王素。燔柴望秩，此《王制》之論也，不敢附會其説，恐滋君上封禪之侈心矣；范祖禹。錫王勇智，此《仲虺之誥》也，不敢敷陳其旨，恐啓君上黷武之忍心矣。吕公著。

《周禮》一書，爲生民立極，爲天下開太平，此《周官》之本意也。至和中，有以『荒札緩刑』之説勉其君者；楊安國。熙甯中，有以『布法象魏』之法誣其君者，吕惠卿。是二説也同出於《周官》也。《周易》一書，貴陽而賤陰，進君子而退小人，此《周易》之要法也。皇祐中，有以鼎卦覆餗之説諭其君者；楊安国。慶曆中，有以需卦宴樂之説啓其君者，林瑀。是二説也同出於《周易》也。

擬經 黄履翁

華黍之補亡，欲繼乎詩也，君子不之予；老杜一集，本以五言爲體，山谷謂有三百篇之旨。南陵白華，華黍由庚，崇丘由儀。束皙。湯征之續闕欲續乎書也，君子不之取；白居易。孔明出師，本以表而自名，東坡嘆其與伊訓《説命》相表裏。大抵得聖人之意，則自然暗合於道；泥聖人之言，則往往反戾於經。

《國風》《雅》《頌》渾厚醖藉，誦之如奏黄鐘大吕；商盤、周誥幽深簡古，讀之如登九折峻坂。束皙補詩，俳優之戲舜耳；居易續書，尪巫之步禹耳。夫子删詩，定書，制禮，作樂，係《周易》，修《春秋》。王通何人？既續詩矣，而又續書；既元經矣，而又易僭；既禮論矣，而又樂論。然曹劉、沈謝之句，安能合鹿鳴四牡大明關雎之旨？七制、詔志策議之文，安能合《堯典》《舜典》《禹謨》《伊訓》之義？

達者與幾，守者存義，果序卦雜卦之藴乎？皇始之帝，晋宋之王，果奬周室尊中國之筆乎？禮之論，樂之論，果能推明先王政化之意乎？侈然以王氏六經自名，此特效西子之顰耳！中説一書，酷類魯論，以董常比顔子，以公卿大夫比顔曾門弟，而其心則正如歐陽永叔自擬韓昌黎，以夫子自尊而以梅聖俞擬孟東野也。嗚呼！安得後人不以六經双婢誚之哉？

然僭經之罪，不特一王通也。蟬噪争鳴，蛙尊自居，子雲之《太玄》，蓋準《易》之象數也。《易》有彖玄則有首，《易》有爻玄則有贊。《易》之爻有贊，玄之贊則有測。然《易》以道勝，《玄》以數勝，是雄蔽於名而作也。此後世所以吴楚譖王之譏焉。嗚呼！畫前元有易，何俟雄之贅哉？

雄且不能逃君子之議，則京房之卦氣，元嵩之元包，一行之大衍，皆謬也。京房以卦氣用事，候寒温風雨。後周衛元嵩作元包，唐蘇源明爲之傳。唐僧一行，作《太衍曆》。屈平之騷經，蓋效詩之比興也，以『香草』比君子，以『龍鳳』比忠正，『美人』以喻時君，『惡鳥』以况小人。劉勰。然詩之體尚忠厚，騷之體類迫切，是原蔽於怨而作也。此或者所以有異經典之誚焉。嗚呼！删後更無詩，何待原之效哉？

原且不能逭後世之譏，則王褒得賢之頌，宗元平淮之雅，皆妄也。吴越之春秋，後漢趙曄。楚漢之春秋，漢陸賈。非不求合於春秋也。然游夏高弟且不能措一辭，况諸公乎？三國之《尚書》，記注之尚書，非不求合於書也。然秦魯二篇，聖人且不得已繫於帝王之後，况後世乎？正如兒曹斂容危坐以效老成，拜伏跪起以效賓主。雖然聖經之名固不可擬，而所述之道獨不可學乎？聖經之體固不可襲，而所寓之意獨不可求乎？石介之《宋頌九篇》，衆謂猗那清廟之詩無以加。嗚呼！劉禹錫『三閤四章』，魯直且以黍離配之，《宋頌》之無愧猗那也宜矣。尹洙之《皇雅十篇》，人謂《堯典》《舜典》而下所未聞。嗚呼！韓退之淮西碑，孫覺且嘆其叙如書，則《皇雅》之可軋舜歌也宜矣！

康節先天之學，濂溪太極之圖。雖未嘗規於方州部家之體，而理數暗合於《易》。噫！《孟子》七篇之書，不言《易》，而君子謂其深於《易》者，以其所載者，性命也。王允之之《太祖實録》，曾子固之《兩朝國史》，雖未嘗屑屑於編年之法，而褒貶實得於《春秋》。噫！子長紀傳表書君子謂其合於《春秋》者，以其所書者實録也。世之議者曰：『司馬潛虚之書，毋乃蹈《太玄》之轍乎？』曰：『此未必出公之手也。吾觀傳公之行者，不聞一語，及於潛虚，其意可見矣。』世之議者曰：『朱氏所補格致之章，毋乃效補詩之尤乎？』曰：『此亦知先生之已説者。吾觀章句之叙，自謂以程氏之説輯之，以俟後之君子，其意亦不敢自專矣。』噫！曾經聖人手，議論安敢到？後之學者，妄爲僭經之舉，盍以是自訟云。

易

鄭玄《序易》曰：『易之爲名也，一言而函三義，簡易也，變易也，不易也。』伏羲，文王，周公。太昊，德合上下，天應以鳥獸文章，地應以河圖洛書，於是仰觀象于天，俯觀法于地，中觀萬物於人，始畫八卦。卦有三爻，因而重之爲卦，六十有四。以通神明之德，以類萬物之情。《外記》盧同詩：『伏羲畫八卦，鑿破天心胸。』文王乃取包羲氏易六十四卦次序而演之，作爲卦下之辭，以垂世立教。杜詩：『斯文憂患餘，聖哲垂彖繫。』周公居東，取易三百八十四爻，而繫之以辭，以承文考之志，進退存亡不失其正。《語》子曰：『假我數年，卒以學《易》，可以無大過矣。』朱子曰：『學《易》則明乎吉凶消長之理，進退存亡之道，故可以無大過。』孔子晚而喜《易》，讀《易》韋編三絶。揚子曰：『説天者莫辯乎《易》。』鄧颺曰：『君自謂善《易》而語不及《易》中詞義，何也？』管輅曰：『夫善《易》者，不言《易》也。』

梁丘之易，京房之易。漢成帝甘露三年，立梁丘易。胡氏曰：『京房學易，徒以灾變占候爲事，此《易》之末也。』惟明乎消息盈虛之理，語默進退之幾，以不失乎時中，則《易》之道也。殷荆州問遠公：『《易》以何爲體？』答曰：『《易》以感爲體。』殷曰：『銅山西崩，靈鐘東應，便是易耶。』遠公笑而不答。程子曰：『孟子曰：「可以仕則仕，可以止則止，可以久則久，可以速則速。」』孔子性之時者也，故知《易》者莫如《孟子》。語曰：『五鹿嶽嶽，朱雲折其角。』語曰：『説經鏗鏗，揚子行。』朱雲，魯人。五鹿充宗，爲梁丘易。元帝令與諸易家論，充宗乘貴，諸儒莫能抗，朱雲論難，故語曰：『五鹿嶽嶽，朱雲折其角。』楊政從范升，受梁丘易。記祭義昔者聖人，建陰陽天地之情，立以爲易。易抱龜南面，天子衮冕北面，雖有明智之心，必進斷其志焉。示不敢專，以尊天也。

先天易 黄履翁

『畫前元有易，删後更無詩』，此先天學也。欲知大易之旨，當求之先天。『身在天地後，心在天地先』，此心法也。欲知先天之學，當求之心法。先天之易，伏羲易也。後天之易，文王易也。文王之易，聖人既言之。伏羲之易，聖人未之言，此康節開其誠而發其藏也。

是圖也，自太極而兩儀，自兩儀而四象，四象既交而成十六事，八卦相蕩而爲六十四卦，此先天之象也。由一陰一陽而爲二陰二陽，由二陰二陽而爲四陰四陽，由四而爲八，由八而爲十六，由十六而爲三十二，由三十二而爲六十四，此先天之數也。有變象比象，有感象應象，故變象則寒暑晝夜，比象則風雨露雷，感象則情性形體，應象則走飛草木，此象之不一也。《經世書》。有往數、來數，有陰數、陽數。故往數者，已生之卦由左而旋；來數者，未生之卦由右而轉。《觀物篇》。陰數者起於十二，陽數者起於二十，此數之不一也。《觀物篇》。陽數之起者，不出乎中；中之全者，不外乎心。即中而言數，即心而言中，則先天之學得矣。愚故曰：『不知性學不可言太極之圖，不知心法不可言先天之易。』

世之議者且曰：司馬文正與康節素善者，而未嘗言及先天或疑其學之迂。嗚呼！康節謙□君子也，蓋不肯以平日所長求炫於人，正傳温公而不及潛虚之意，何疑哉？世之議者又曰：是圖康節得之李挺之，挺之得之穆伯長，伯長得之陳希夷，或疑其學之誕。嗚呼！希夷有道之士也，故以易學流傳於後正濂溪得希夷种穆太極圖之意，何害哉？吾觀春雷之辨而知天時之往復，陰陽之消長；杜鵑之兆而推地氣之去留，世道之盛衰，其有關於世道也如此。唐王遠知善易，作《易總十五卷》。一日雷雨雲霧中，一老人叱遠知曰：『所著書何在？上帝命吾攝六丁進取。』

太玄易同人

太玄果有得於《易》乎？然劉歆嘲之，嚴尤誚之，老蘇東坡又起而譏之，是其書未足論也。太玄果得於《易》乎？然桓譚稱之，張衡喜之，温公康節又從而推之，是其書未可輕也。以大易之理而參決一己之見，此雄之所以失；以一家之書而强合諸家之數，此雄之所以得。且易有象，玄則有首。易有爻，玄則有贊。易之爻有象，玄之贊有測。以元文而準文言，以攡瑩挩圖告而準繫辭。玄固求合乎易也。然易之天五配以地十，玄也有五而無十。易之六畫加以六位，玄也有畫而無位，果易乎？玄以元文擬文言，而元文不加之晬而加之中。玄以首名準卦，而或以一首，或以二首，果易乎？是玄亦不專合乎易也。

贊之初二以至于上九，則有取於『洪範九疇』之數；一與六共宗以至于五，與五相宗，則有豕於《洛書》生成之數。其爲首八十一則黄中之天數寓焉，其爲贊七百二十有九，則十二辰之中數寓焉。泰中之數三十六，其用三十三而虚其三，此則太極函三爲一之數；泰積之數始於十八，終於五十四，而合於七十二，此則商祉益一上生之數。《前律曆志》。六日七分之數，唐一行所深非，而子雲自中至養則而效之，而未敢亂其叙，疲精竭神；牽牛起度之數，蔡邕所力議，而子雲自中至養求而合之，而欲應其度於占候步推之末。噫，亦勞矣！子雲泥於諸家之數，固不能無牽合之謬，雖然子雲參於大易之學，亦不可無真實之見。以漢之正統而象七百二十九贊之正數，以莽之閏位而取踦嬴二贊之餘分，此其立論關於天地之常經，古今之大義。

以斷之首而得夬卦五陽去一陰之象，以陰陽之象而明君子小人進退之義，此其爲説切於造化之妙用，治道之大體。昔韓愈讀《荀子》，欲合於理者存之，害於理者去之，有道之士於太玄亦云。

格物之學 林駉

人皆學解牛，吾得養生；人皆學舞劍，吾得草書，此格物之用功也。至誠之末盡鳶魚不察，機心之一露鷗鳥不下，此格物之本原也。

夫天地之間，皆物也。至粗者物之迹，至精者物之理，角者知爲牛，鬣者知爲馬，非迹乎。喬梓之父子，鴻雁之兄弟，非理乎。固當因其迹而求其理，不當忘其理而泥其迹也。是學也，必意誠心正而後可以明是理，而私僞梏亡者不可以明是理；必智周見撤而後可以明是理，而人欲蔽塞者不可以明是理。

《中庸》言格物之妙本於誠意，《七篇》論備物者以反身，而誠者先之。顔子感常山之鳥，知東野之馬，悟也。不知是理得於心齊坐忘之頃。曾子造舍瑟之趣，託浴沂之樂，妙也。天真默悟，非可以迹求之。杏壇迹熄，槐市響絶。見鳥集而知機心之不生，非妄也；即鼓瑟得趣，六馬即傷弓飛鳥見曲高舉之意耳。伊川。聞驢鳴而知已意之自若，非誕也；即『犬吠屠人，正如仰秫之旨耳。子厚。中孚一感可及豚魚，信乎？狗有吠屠之靈。伊川曰：『雉尾長故極陽，雉尾短故極海鷗。』春燕秋鴻，各隨寒暑，信乎？雉爲盛陽之物。伊川曰：『雉尾長故極陽，雉尾短故極陰。』此有知之物，固易知也。吴江楓葉秋，古人固以物而知時，而今觀梅枝而知乾坤者，信矣。伊川。寒城菊自花前賢，咏其物之有操，而今謂草木之有恕心者，信矣。明道曰：『充廣得去爲恕心。』充廣得去，天地變化草木蕃；充廣不去，天地閉賢人隱，此有形之物，亦易知也。

一氣升降，未易管蠡。今觀石壇之潤，而探天地升降之妙，若迂矣。然礎石之迹一潤，而在天之雨必至，非爲迂也。程先生。慘舒迭運，周流穹壤，今以一瓶之粗而指陰陽消長之義，若怪矣。然豐山之鍾方鳴，而霜降之候已應，非爲怪也。程先生指湯瓶曰：『便是陰陽消長之義。』

中庸大學同人

尊崇正學在君師，講明正學在宗師。大矣哉，庸學之書，蓋帝王立治之根本，聖賢進德之閫奥也。是故表章聖經，崇重正學，使天下享至治之澤，此其責在君師。繼續絶學，演析奥義，使天下聞大道之要，此其責在宗師。

杏壇迹蕪，木鐸響息，方仁宗之嗣服，以中庸爲修身治人之道，乃命經筵，反覆陳説。方哲宗之初政，以大學爲入德之序，乃詔經幄，訓釋大義，蓋誠者，中庸之門户；敬者，大學之指歸。存養誠敬之心，則天真湛然，表裏洞照，梏亡誠敬之心，則方寸擾擾，情欲横生。

論語孟子同人

《論語》一書，蓋理學之淵源，而終始問答不及誠之一字；《孟子》七篇，蓋性學之門户，而辨舜與象皆謂之才。旨哉伊洛，師友之言曰：『不言誠者，示以入之之方，要之言，恭敬忠信，皆誠之旨耳。』謂之才者，正答性善之問，要之論性情才，皆無不善者。嘗聞伊洛。其稱《論語》曰：『學者先讀《論語》，當知權衡；學者但求《論語》，自然有得。』其稱《孟子》曰：『《孟子》有功聖門以言仁義，《孟子》有功於世以言性善。』讀言志數語則知夫子聖人之氣象，讀論交數語則知子張成人之交，子夏小人之交。因鄉黨之篇，則聖人注措宛然如見；因厲温之言，則聖人容貌温然可想。有以政事入者，有以德行入者，則知聖人之教；如陳文子之清，如令尹子文之忠，則辨非聖人之仁。

生之謂性，亦所禀性也，而直謂之不知性；虚發四矢，非忠於君也，而直美其能取友。存心養性，蓋兩言也，則曰『心爲發用，性爲自然』；窮理盡性至命，蓋三事也，則曰『窮理既能，性命亦了』。

論養氣則謂必如顔子所立卓爾；論執中則謂必如禹稷之過門不入，顔子之當居陋巷。吕與叔得克己復禮之問，有洞然八荒皆在吾闥之語；侯世與得勿忘勿助之教，豁然終身之省。是學也，一傳而得關洛，再傳而得吕侯諸君子，又傳而得晦翁朱夫子。觀其二書集注之作，斷以章句，參以師説，決以己見，發孔孟不傳之藴，啓伊洛未言之旨，此伊洛之得孔孟，亦孔孟之得伊洛也。

蓋嘗論之誦聖賢之言易，行聖賢之行難，是必致謹於終日三省之時，樂道於暮春咏歸之興，加敬於出孝入弟，視聽言動之際。出門倚衡，何見非理；書紳鼓瑟，何往非天，而後有悟於《論語》。是必存養於赤子不失之初，窮究於夜氣尚存之旦，充廣於四端，火然泉達之後。窮理盡性，表裏洞徹，知言養氣，而後内外昭融有合於《孟子》。雖然，表章聖經在聖明，講明聖經在師儒，哲宗召程夫子講《論語》，故《論語》之教始尊；高宗召伊洛門人講《孟子》，故《孟子》之學始行。

禮記周禮

程子曰：『《禮記》雜出於漢儒，然其間傳聖門緒餘及格言甚多。』《學記》之類無可疑者，《檀弓》《表記》《坊記》之類甚有至理。《王制》《禮運》《禮器》多傳古意，《燕居》《閑居》、『三無五起』之説，文字可疑。《樂記》所謂『天高地下，萬物散殊，而禮制行矣。流而不息，合同而化，而樂興焉』。仲舒如何説到這裏，想必是古來流傳得此個文字如此。虙氏曰：『《禮記》乃《儀禮》之傳：《儀禮》有《冠禮》，《禮記》則有《冠義》以釋之；《儀禮》有《昏禮》，《禮記》則有《昏義》以釋之；《儀禮》有《鄉飲酒禮》，《禮記》則有《鄉飲酒義》以釋之；《儀禮》有《燕禮》，《禮記》

則有《燕義》以釋之；《儀禮》有《聘禮》，《禮記》則有《聘義》以釋之。』其他篇中多與《儀禮》相爲表裏，雖曰：漢儒所録，然亦《儀禮》之流也。

唐賈公彦序曰：《周禮》起於成帝劉歆，而成于鄭玄。附離之者太半，故楚子存以爲武帝知周官末世瀆亂不驗之書，故作『十論七雅』以排棄之。何休亦以爲六國陰謀之書。鄭玄編覽群經，知《周禮》者乃周公致太平之迹。劉玄子歆校理秘書，始得列序，著于録略。然亡其冬官一篇，以《考工记》足之。玄《序》：鄭少贛名興子衆師名衆，衛次仲、賈擎伯、馬秀長皆作《周禮解詁》。玄竊觀二三君子之文章，顧省竹帛之浮辭，其所變易灼然如晦之見明，其所彌縫奄然如合符復析。

中説 黄履翁

《潛虛》一書温公所著，而或謂非出於温公；太極一圖周子所作，而或謂非出於周子。此中説二書雖有格言，而不能免後人之疑者，無怪也。

魯鄒教息，説鈐紛紛。河汾王氏，生於隋季，動法夫子，質疑問難。韓愈作《原道》僅有，軻死不傳，荀楊大醇小疵之説。曾無一語，齒及河汾，可疑者一也。房、杜、王、魏諸人嘗游其門，非忘乎木落糞本之義，亦不見尊其師，而立之傳，可疑者二也。闞子明在太和中，距通所生之年，蓋百二十三年矣。而其書乃有問禮於闞生之語，可疑者三也。李德林卒於開皇十一年，通纔八歲爾，而其書乃有德林請見子於長安之語，可疑者四也。

然嘗觀中説之論，閲東郊之書，參隋唐之史，而後知王通之學不誣，而中説之書可信也。且退之不及於通，非遺其人也。愈方稱孟子能距楊墨，而功不在禹下。推明力排異端之功，不稱之者，蓋先功而後道之意。房魏不揚其師，非棄所學也。通之弟以言觸長孫無忌，王氏兄弟抑而不用。陳叔達撰《隋史》，欲編世家，避太尉之權而不敢，不傳之者，蓋閣筆避權之過。

闞生之問禮，德林之請見。非果可疑也，特傳述者，錯其歲月耳。荀卿游於齊居於蘭陵，近世儒者疑其時，世以爲非與齊宣王春申君相值，謂劉向誤序卿事可也，並以爲無卿可乎。

其在唐朝也，司空圖、皮日休皆尊其學，以房魏數公真。其徒大書于碑，以示後世。文士又有請以王通氏陪隕祀。見《唐書》。其在宋朝也，柳仲塗宗之於前，孫漢公廣之於後，伊洛大儒格有格言，稱爲『隱君子』，荀楊不到。然又論之，中説一書固有述作之功，而不能侈大夸詡之言；固有羽翼之助，而不能無僭擬妄誕之咎，何者？以董常而比顔子，以公卿問答而比孔門之諸弟，以陳思王而比泰伯之遜，以荀氏之二仁而比殷之三仁，其通之自處則欲與夫子而齊驅。嗚呼！學步邯鄲而失邯鄲，效顰西子而失西子，何通之不量力也？善乎，紫陽先生之論通也。雖稱其過荀楊而咎其擬夫子，雖喜其明世變而惜其闕大體，誠確論也。愚故曰：『揚雄作《法言》，而言未必可法；知幾作《史通》，而史未必可通；王通作《中説》，而説未必可中。』

文選　文粹　文鑑林駉

論漢魏以後之文莫備於《文選》，論李唐之文莫備於《文粹》，論聖宋之文莫備於《文鑑》。

相如《上林賦》，劉勰稱其繁類成艷，爲詞賦之英特；李白序大獵復謂『窮壯極麗，何齪齪之甚』。昌黎《毛穎傳》《舊史》鄙其『譏戲不近人情』，小宋復謂『《送窮文》《毛穎傳》皆古人意思未到，可以名家』。范文正《岳陽樓記》後山謂其『纍世以爲奇』，尹師魯復謂傳奇體耳。

且蕭統索文士之作，築臺選之，始于楚騷，迄于江左，爲卷三十，名之曰《選》。姚鉉取唐人之文，拔其尤者，先後三變，無不編次，爲卷一百，命之曰《粹》。且右軍蘭亭，絲竹管弦，四言兩意，不免見黜，似矣。然劉向之序戰國有先秦典雅之製，董子之策賢良，得伊周格心之學，而例黜之，可乎？

屈原《離騷》，辭古意烈，有風雅體，特軋卷首，似矣。然揚子雲之美新名教罪人，潘元茂之九錫君子羞之，而概收之，可乎？長卿賦《上林》而引盧橘夏熟，孟堅賦《西都》而嘆出比目，而亦取之耶。蘇、李河梁送别之詩在長安，而有江漢之語；宋玉高唐、神女之賦，以一篇分而爲序，而亦録之耶。且段文昌淮西碑録之誠，善矣。昌黎斷碑之膾炙，果不及乎？李德裕忠諫論録之誠，善矣。昌黎諫臣之所作，果不及乎？王摩詰《老將行》，李長吉《雁門行》，而俱取之，何也？韓柳之邃古，李杜之風雅，元白之雄深，雜以釋子蘭飲馬長城窟，道士吴筠游仙步虚，而不倫若是，何也？孝宗乃命儒臣，更修其書，彙次來上，名曰《文鑒》，如衆星列宿争芒於層漢也，如象齒犀角充斥於天府也。

程伊川之《易傳》，無非天理人極之奥；孫莘老之《易傳》，亦皆性命仁義之妙。其與孔安國之序書，杜元凱之序傳，《選》皆同載，同乎？異乎？蘇東坡之直節勁氣，傲雪陵霜；黄魯直之風韻洒落，光風霽月，其與樂天之放荷，愚溪之嘲怨，《粹》皆采取，是乎？否乎？雖然爲一代之盛者，有由也。三百年來文不振，直從韓柳到孫丁，此文之始倡也。王元之詩曰：『三百年來文不振，直從韓柳到孫丁。如今便合教修史，二子文章似《六經》。』六十年來旺氣消，文章化入山川平。此文之再變也。曾子文章衆無有，水之江漢星之斗。此文之愈盛也。《荆公贈曾南豐》。

韓文同人

《革華傳》舊所不傳，而歐公録之；《召太顛傳》舊所不載，而歐公辨之。得寬韵則波瀾横溢，後入傍韵，得窄韵，則不復旁出，固難見巧。舊所未論，而歐公始評之。故作文者非韓不學，學韓者非歐不師。嗚呼！龍翔鳳翔，日光玉潔，出入周孔，凌駕卿雲。

然毛穎一傳，《舊史》譏之，則公之文在唐而未著。伯長所鬻，經年不售，則公之文在宋而未顯。穆伯長鏤版《韓柳集》，經年無售者。

讀聖德詩而知其文辭雅正，讀城南聯句而知其辭氣豪放。故東坡謂寄盤谷子二章不減杜子美，魯直謂南溪始徒二首有詩人自律之深意，則公之詩可知也。讀平淮西碑，氣象宏富，得相如體；讀曹成王碑，句語簡古，得子雲體。故孫覺謂淮西碑叙如書銘如詩，臨川謂王適、張撤二銘尤奇，則公之碑若銘可見也。

《原道》一篇扶持名教，與軻書相表裏。《學解》《師説》等作，精粹入道理不下劉向。伊川謂『如軻之後不得其傳』之語，非蹈襲空虚而得之；小宋謂『《送窮文》《進學解》，皆古人意思所未到』。《送李愿歸盤谷序》，東坡以唐無文章，惟此一篇而已。毛穎等傳，前輩以其説出於莊周《寓言》。嗚呼！振八代之衰，濟天下之溺，回狂瀾以挽異端之趨，吹死灰以彰《六經》之學。蓋名教中一砥柱，固非後學測其涯涘。

然孔孟經學，不行於春秋戰國，而行於後世；《昌黎文集》不顯於李唐，而顯於我朝。然淺學者見卑識陋，輕議妄改；好事者託名亂真，求售其文。《聽穎師弾琴》詩，蓋奇作也，或以此爲聽琵琶之詩。《祭柳子厚文》，蓋精語也，或以愈偉之句改爲表奏。直諫表，論顧威狀言，不成文事，非指實；詩之序，議三器，論命意措辭，絶無長處。凡此數篇，皆編前集。至《明水賦》送文珍，令縱《答劉秀才論史》。《上賈滑州書》《薦薛公達書》《通解》《釋言》《鄠文對》〔一〕等篇，深粹典麗，非他人所能及，而反不在四十卷之列，何也？蓋論史之作人禍天刑數語，特出於有激；《明水賦》雖工，乃舉子聲律之語。文珍閹寺識者羞稱，令縱浮屠名教所斥，乃公議自不欲存於世者，故漢集中不收之。

〔一〕今按：《宋史·楊慶傳》載：『愈曰：「韓退之作《鄠人對》。」』

黄山谷嘗曰：『公之文自潮州還，有不待繩削而自合者，則公之老作爲自然也。』伊川亦曰：『退之晚年爲文，所得甚多，則公之晚作爲有所見也。』彼《上賈滑州書》，方年二十二，而《薦薛公達書》殆又始冠之歲。《通解》《釋言》《鄠人對》三篇，亦皆少時所作。齒少氣弱，誠非足以垂永久者也。噫！張燕公謫岳州而詩益淒惋，人以爲江山之助。杜工部自夔州後所著篇作，皆不待斧斤而自合。柳子厚南遷後，作曹溪南岳諸碑，妙絶古今，東坡稱嘆不能自已。

周子通書黄履翁誠爲此書之樞紐

張南軒記濂溪之學，曰：『本乎《易》之太極，《中庸》之誠。』朱晦翁釋濂溪之書，曰：『聖人之誠即所謂太極。』斂狂危坐，澄心端思，究《通書》之格言，遡先儒之緒論。其高極乎無極太極之奥，而其實不離乎日用之間；其幽探乎陰陽五行之賾，而其實不離乎仁義禮智、剛柔善惡之際。

大抵書之要旨不外乎誠之全體，誠之全體不外乎圖之太極。首章一則曰『誠』，二則曰『誠』。曰誠者，聖人之本也，曰聖，誠而已矣也。曰誠，無爲也，無妄也。曰誠，動於此也，寂然不動也。此誠者，天之道，性焉安焉之謂也。曰『君子乾乾不息於誠』也，曰至誠，則動擬議以成其變化也。此誠之者，人之道，復焉執焉之謂也。

其論舜之心誠，孔子之道德，其誠者之道歟。其論顔子之發聖藴，仲由之喜聞過，其誠之者之道歟。其論聖之希天，是亦聖之明通，誠者之道也。其論士之志學，君子之務學，是亦誠之者之道也。言其師友者欲人聚卞，此實理耳。言其童蒙者欲人求明，此實理耳。患人以辭章決科，而昧此實理，則曰文辭爲藝，道德爲實。患人以富貴肥家，而喪此實理，則曰『銖視軒冕，塵視金玉』。是書也，無非推明乎，誠之一字耳。

何者？形而上者，固此理也；形而下者，亦此理也。散於造化者，固此理也；會於人心者，亦此理也。是理也，寓之於圖則曰太極，筆之於書則曰誠。太極具，則二氣五行之運行；實理全，則五常百行之發見。故誠之源，則陽之動也；誠斯立，則陰之静也。幾之善，則陽之屬也；幾之惡，則陰之屬也。仁、義、禮、智、信，即五行之性也；孝弟忠順之百行，即萬物之象也。若五行陰陽，陰陽太極，若五銖二實，二本則一。又發明乎物，物各具實理，非自微而之顯乎。若禮理樂和，若剛柔善惡，又發明乎事，事皆陰陽，非自顯而之微乎。

《聖學》一篇，言一之無欲，而極明通公溥之境，然學者深味之，則知無極之真，兩儀四象之本，皆不外乎此心矣。《孔子》一篇，言夫子道德教化而合天地四時之妙，然學者詳思之，則知孔子本太極而有陰陽五行之用矣。嗚呼！《通書》筆絶，庭草迹蕪，味《西銘》之言，當知仁、孝之實理；究《通書》之旨，當知至誠之實體。議者曰：『周子之言復以利貞爲言，非大易之説也。周子之言中以和爲訓，非中庸之意也。』曰：『知周子以坤卦言，則利正亦可以爲復。知周子以時中言，則達道亦可以爲中。』

温公之學 林駉

誦公之行事者，曰今人不及，求之古人。稱公之學術者，曰三代而下一人而已。平生所行，不外乎誠，無欺心也；平生所爲，可語諸人，無私心也。

辭翰林，辭樞密，非矯情也，益伯夷之遜也。非韓公，非范鎮，非褊心也，稷契皋陶之忠也。建儲之議，人所難言，已獻三章，復抗纍疏。新法之行，人所同争，再諫不聽，浩然居洛。改弦之際，且曰『天若祚宋』，必無此事。垂没之頃，且曰『四患未除，死不瞑目』。兒童知名且誦君實，衛士加額歡呼相公。大遼伶人敬公清名，契丹伴使暴公忠亮。凛然遺像，後人尊仰，畫工至有致富。刻之黨石，異時立石，鐫工不肯受役。然則公何以得此名哉？

曰微之顯，誠之不可掩也。 如此夫。

康節之學同人

不觀明道之論，無以知康節爲内聖外王之道；不觀了翁之論，無以知康節爲在心之學。有義理之學，有物理之學，有性命之學，是學也，北面李挺之而得也。叩擊於飯立坐拜之間，潛思於夢寐興居之際。探義文於方册中，探造化於指顧頃，公之自得者多矣。

且因神農取益、取噬嗑，黄帝堯舜取涣、取隨，曰『畫前元有易，删後更無詩』，則所學不在書而在理。以起震終艮，明文王之八卦；以天地定位，明伏羲之八卦，曰『身在天地後，心在天地先』，則所學不在書而在心，此公義理之學也。杜鵑之聞，至微也，而知自南之氣；春雷之鳴，至隱也，而卞所起之方。咏楊柳之風，氣象洒落，有吟風弄月之趣；推牡丹之數，胸次洞達，有致知格物之妙，此公物理之學也。

聖飾性而不加增，狂染性而不加損，既發明孟子性善之旨。習智而智，習愚而愚，習性而性，習狂而狂，又發明孔子性習之説。論顔子之『不遷怒，不貳過』，曰皆情也，非性也。論韓子之『上中下三品』，曰皆習也，非性也，此又公性命之學也。

同時不知公者，往往以爲神仙之學，豈知公之所學生乎誠；後來不知公者，又以爲考數之學，豈知公之所學本乎心。邢和叔欲傳此學，公告以虚心。程氏性學淵源，公則慨然欲授，果神仙乎？果至誠乎？果數學乎？果心法乎？天向一中分造化，人從心上起經綸。後之欲求其學者，當於此詳味云。

歐蘇之學 同人

蘇子序歐陽之文曰：『嘉祐以來，文章始盛者，歐陽子之功也。』李廌記蘇子之言曰：『元祐以來，文章愈盛者，蘇子之功也。』

衲被之譏，君子所譏。太崑之體，爲天下笑。楊億爲文用故事，令子弟撿討出處，用片紙録之，文成掇拾所録謂之『衲被』。天聖以來，歐陽倡爲古文，變西崑體，其有楊劉體者，人戲之曰：『莫太崑體否？』劉筠倡之於前，楊億和之於後。

歐陽子祖韓昌黎之謹嚴，習尹師魯之簡古。鈎棘之句變而渾厚，險怪之詞革而平易。囂藩之士或爲祭歐陽之文，文體小變。嘉祐文章所以一變者，非歐陽子之功而誰功？牽合虚無名曰『時學』，荒唐誕怪名曰『時文』。王氏作之於前，吕氏述之於後。

蘇子尚古學之源流，排新經之破碎。穿鑿之説，謹守注疏；好異之學，變爲正論。元祐文章所以一新者，非蘇子之功而誰功？世之好訶詆人物者，謂歐陽子《醉翁亭記》未免有賦體之纍，不知公之此記，特戲筆也。謂蘇子新詩麗句未免有嘲誅之過，不知公之賦諷特陶情爾。

歐公司文衡也，庯革『天地軋，萬物茁』之病；爲翰苑也，託諷於袚除祈祝之辭，其有裨於風教也不少。蘇公買燈等疏，隱然有一唱三嘆之音。書《温公神道碑》，識者知其胸中有天地大體，可以超宇宙，排海岱，其自立氣體也，爲如何？噫！此歐、蘇之學所以絶唱古今也。

關洛之學——理學同人

張敬夫記濂溪之祠也，曰：『先生起於遠方，超然自得。』二程先生推昭究極之學，則知二程之學本於濂溪，信矣。游定夫書程氏之行也，曰：『先生有妙質，聞道甚早。』子張子有虚心求益之意，則知横渠之學得於程氏，信矣。

大抵有濂溪則有二程，有二程則有横渠。吟風弄月，名利俱釋，二程蓋有得於周子再見之後；共談道學，涣然自足，横渠蓋有得於程子一見之日。且主於太極與静者，周子之學也。二程學於濂溪，遡其立教，不言極而言仁，不言静而言敬，程氏豈爲彎弓之見哉？主於仁與敬者，二程之學也。横渠得於二程，究其爲説，又不主於二者而主於禮，張氏豈爲操戈之説哉？

以數書而殊途同歸，紬繹之則百慮一致。周子論静無不動，天下歸仁。悉有衆善，無不愛敬，何嘗不本於仁與敬乎？《通書》。程氏論動容周旋，主於禮，未嘗欲其形如死灰，何嘗不本於禮乎？《語録》。横渠論至虚之實，至静之動，與夫仁者，安静等語，何嘗不與周程相出入乎？《理窟》。

嗟夫！堯舜相授不外一中，大禹叙疇名曰皇極。至夫子則又於中庸，發明夫子鳶飛魚躍之妙。中也、極也，即夫子所謂中庸也。曾謂周子太極與静，非程氏仁敬之論乎？顔子博文約禮，則自明而誠；曾子忠信傳習，則自誠而明。至孟子，則一以誠身明善爲主。明也、誠也，即孟子所謂誠身也。曾謂程子曰：『仁與敬，非横渠主禮之論耶？』

爲程氏之學者，曰二程講論，未嘗有太極圖，使後人疑程氏之學異於周子者，未必非此言始。爲張氏之學者，曰横渠之學不出於二程，使後人疑張氏之學異於程子者，未必非此言始。

關洛之學——經學同人

《中庸解義》，程子親筆也，心不自滿，且火其書，則知於經也爲不苟。《周易十傳》，程子晚年也，學者請授尚覬學進，知於經也爲不輕。周子之《通書》，伊川之《經傳》，横渠之《理窟》。西風而雨悟，密雲不雨之意。伊川。理義養心，得敬以直内之説。明道。則得於易者，雖數也，亦理也。兔微物耳，可起八卦；梅粗迹耳，可知乾坤。《遺書》則得於易者，雖理也，亦數也。

或以七九爲進君子，以六八爲退小人，是不知有自然之數，不有程氏，誰其辨之？《遺書》介甫。以四九爲武王觀兵，以九三爲湯武知位可至，是不知有本然之理，不有程氏，誰其正之？《遺書》介甫。其深於易之理數也歟。鳶飛戾天，魚躍於淵，此言周人作也，讀之得理學之妙。《二程語録》。秉心塞淵，騋牝三千，此言魯人坰牧也，讀之得心學之善。《伊川語録》。周公至仁者也，以破斧爲真文王至德者也，以靈臺爲始受命，則辨其不知文王。横渠《理窟》。周公至仁者也，以破斧爲真破斧，則下其不知周公。横渠《正蒙》。其得詩之旨趣也歟。

夏社之遷，人皆曰：『湯實爲之。』君子曰：『欲遷者非湯，其不可者湯也。』程氏《遺書》。召公之不悦，人皆曰：『召公實不安於心，周公無可疑也。』君子曰：『周公實致之。』《伊川語録》。

《泰書》之不書《商書》者，以見紂罪自絶於天，舊所未論，此則論之。伊尹之始立太甲者，以外丙仲壬幼而不立，舊所未辨，此則辨之。程氏《遺書》。達矣哉，論書之學也。入德之門，無如大學，大德其學之門户乎。《中庸》一卷，書終身用不盡，中庸其道之總要乎。《伊川語録》。禮之達，禮之成，吾得之《禮運》《禮器》；禮之掃洒，禮之應對，吾得之《小儀》《曲禮》。至矣哉，得記之學也。

有『關雎麟趾』之義，然後可以行周官法度，吾得之程。明道。知三代致治之意，始可講周官經世之務，吾得之楊。龜山。此《周官》之典精矣。王氏之欲行，彼烏知哉。《周典》。春秋何以始？世儒之説紛如也，龜山曰：『王者之迹熄，則知春秋之始。』春秋何以終？世儒之論不一也，伊川曰：『聖人有所因而作，則知春秋之終。』此春秋之經明矣。王氏之欲罷春秋，彼烏知哉。嗚呼！程門當傳崇寧小人禁錮不講，或者已小異日之事。《胡氏春秋》建炎中興，秘閣珍藏，君子知有中興之脉。

程氏之論同人

觀歐陽、尹師魯、穆伯長之流，作古文以變崑體；觀安定、孫明復、石守道之徒，明經學以扶名教。

程子以誠敬爲入門，以踐履爲實地，自致知至於知止，自誠意至於平天下。程子謝表曰：『入朝見嫉，世俗常態，名高毀甚，史册名言。』且程之與蘇，同尊堯舜，同學孔孟，同師六經，同尚仁義。然主程氏者攻蘇子，主蘇子者毁程氏。

哭則不歌程氏蓋守經旨，而蘇則戲之，此忿争之始也。吕公質問程氏，初無異心，而蘇則疑之，此立敵之端也。噫！策問之語，未足以譏子瞻，而朱光庭必斥其非。舜民之事，不可以及吕陶，而賈易力劾其罪。雖然范祖禹非與蘇同里乎，曰：『光庭、賈易不與程立黨也。』黄庭堅非蘇之門人乎，曰：濂溪人品甚高，未嘗不尊伊洛之學也。

左氏一傳，必託之君子而後明；《法言》一書，必托之或人而後顯。《論語》之言，無所不包，其要在於心之操存涵養；《孟子》之言，無所不究，其要在於心之體驗擴充。《中庸》其言雖多，而其樞紐不出乎心之誠；《大學》其論雖博，而其終始不出乎心之敬。無非昭揭此心法，啓鑰此心學也。

且以曾子之魯一日三省，故釋之曰：『此專用心於内也。』以顔子之愚，終食不違，故釋之曰：『此存養之功密也。』學，莫深於涵養也。暮春沂泗，舞雩咏歸，大儒則曰：『無舍己爲人之心。』簞食瓢飲，頽然陋巷，大儒則曰：『從事於博文約禮。』學，莫難於體驗也。先利後義之辨其非，爲善爲利之言其間。毫厘千里之説，以利爲義之説，又廣其所未言。鄉原之德賊，告子之義外。求媚於世之戒，不得其正之戒，又發其所已言。學，莫先於擴充也。

自可欲之善，極而至於聖而不可知之神。自徐行後長之事，極而至於堯舜之道，上下一理之訓，日用不知之訓，又從而紬繹之。充赤子入井之心，而仁足以保四海；充無欲穿窬之心，而義至於不勝用。不能自已之説，推不爲達所爲之説，又從而反覆之。

文公四書論四書心學之要。黄履翁

夫誠者，心學之極致。始乎天命，謂性者，言實理之原也。終乎無聲，無具者，言天命之性也。謹獨云者所以實乎，此理之實也；中和云者所以狀，此實理之體用也。曰費曰隱者，言實理之用廣體微；鳶飛魚躍者，言實理之流行充滿。或問一書，言『誠』爲《中庸》之樞紐。夫敬者，心學之大原。一篇之指，其目凡八；八事之要，其條凡三。修身以上者，明明德之事，以求知至善之所在也。齊家以下者，新民之事，以求得至善之所止也。究其端序，明其本末，又皆不離，敬之一字。或問一書，言敬爲聖學之始終。

學者而求語孟之書，當思夫子之至於聖人，孟子之成於聖人。端拜秋陽之皜皜，緬想太山之岩岩。學者而求庸學之書，當思在天之對越，爾神之格思。造端乎一念之誠，默會乎一念之敬。雖然不先乎太學，無以提挈綱領，而盡《論》《孟》之精微。不參之《論》《孟》，無以融貫會通，而極《中庸》之歸趣。

朱氏之學 林駉

元祐初元，擢用横渠，人曰：吾道之幸，不知異日節惠之謚，此所以爲幸也。建炎中興，召用龜山，人曰：儒學之榮，不知異日文靖之封，此所以爲榮也。我宋龍興，有周子出，五星聚奎，繼得程、張，又得胡、楊、尹、馬，又得晦翁夫子。淳熙，芝詔親訪，蒲輪屈致。嘉定，掃清異説之荆榛，開明正學之日月。

其爲詩書、四書之論著也，風諷比興必正其體，象象經傳必析其旨。以《論語》首篇爲入德之本，以《孟子》七篇爲言性之書。以守常爲《中庸》之要，以致敬爲《大學》之原。其爲《儀禮》《經傳》之通解也，王氏廢罷《儀禮》，獨立《傳記》。《士禮》數篇僅存，王侯大夫禮皆缺。今也分章句，附紀傳，大而邦國王朝之儀，次而士庶喪祭之用。制度區別，條理明白。其爲《通鑒》綱目也，一事之疑若决蓍龜，一字之簡凛乎斧鉞。别周末之僭王，明昭烈之正統，天下知其有名分之嚴。揚子雲而繫之以莽，狄仁傑而繫之以周。天下知其護名節之重。

《語録》之辭旨從容，《書》則往復詰難，其下愈博，其義愈精。家藏之鋪陳義理，集則吟咏情性。長篇短音，璀璨前後。是數得於操存涵養之頃，而著於述作問答之餘。書者，本於精神念慮□，而形於言語文字之際。

進文字

縹囊，籤秩。裒集，繕寫。獻箴，進講。悉上，廣藏。編成書，取要語。

呂公著之取要語，司馬光之錫嘉名。哲宗時，呂公著《尚書》《論語》《孝經》，節取《論語》進呈一百段。司馬光《通鑒》，神宗錫以嘉名爲《資治通鑒》。

昭星斗，爲龜鑒。《韓琦表》：『昭星斗之觀，副金匱之藏。』貞觀諫録，孝宗置座右爲龜鑒。

進講義，明經旨。元豐詔：經筵前一夕進講義，自陸佃始。胡安國進《春秋解》，上置之座右，二十四日讀一遍。上皇朝之屬籍，講漢唐之正史。咸平宗正朝安易上新修皇朝屬籍，藏寶正寺。哲宗元祐，蘇軾等狀秋節漢唐正史詔問日進講。

守禹湯之法，致堯舜之盛。神宗司馬光，進讀《通鑒》，至曹參代蕭何，一遵故規云云。夏商子孫守禹湯之法。元祐司馬康講《洪範》，又用三德。王岩叟言：『三德者，君人之大本，用以修己安人，則堯舜之盛可致。』

獻箴金華，進講寶訓。明道中，馮元獻金華五箴，趙師民獻講箴。元祐中，御邇英閣進講《書》及寶訓。

繪圖以授，金匱之藏。宣仁祖宗故事，繪以爲圖。深益治道，養成聖性。紹興謝克家奏范祖禹《唐鑒》、《仁皇訓典》、《帝學》二書，深益治道。太宗雍熙，田錫獻祝壽詩。錫好直言，上不能堪，奏曰：日往月來，養成聖性。

進《春秋》之解，録《中庸》之篇。紹興徐俯春秋之解，至天王使宰渠伯糾來聘。用左氏説父在故名，上曰：『魯桓簒立天王，當討。』四年不問，其宰往聘，失刑政矣，故書名俯乞編之記注。仁宗天聖賜王堯臣御《詩》及《中庸》篇，上命中書《中庸》之篇，令張知白進讀。

《咸平御集》、《開寶通禮》。吕文仲進太宗御集。命劉温叟等加損益上。

《太平御覽》、《文苑英華》。太平興國，詔李昉等，命李昉等。

修實録，纂寶訓。命李昉，天聖王曾詔。

著《經武要略》，進《資治通鑒》。神宗熙寧。進講《月令》，編修《孟子》。哲宗。范祖禹進講月令聖人奉天之事，切于畏天者莫如仁宗，願陛下誠奉于天。神宗。司馬光言《孟子》醇正明白，上曰：『方讀孟子詔，編修孟子以進。』

編摩洪筆，粉澤皇猶。修己安人之治，正心誠意之學，與其藏之名山，孰若觀於乙夜。華圭璧於緑文，會日星於漆簡。

表志——班史之表

表志班史之表不及遷黄履翁

邵氏論遷、固表志之優劣，謂遷作歷代史表志當著歷代，固作漢史表志不當著歷代。子長合三千年事，而斷之於五十萬言之下，自成一家，如天馬駿足，步驟不凡。彼孟堅摹規仿矩，甘寄籬下。表者，興亡理亂之大略，而固之表則猶譜諜也。書者，制度沿革之大端，而固之書則猶案牘也。緯制。

且遷之《諸侯年表》以下，以地爲主，故年經而國緯，所以觀天下之大勢。《高祖功臣年表》以下，以時爲主，故國經而年緯，所以觀一時之得失。班氏《侯表》徒列子孫世數之繁，特聚諸家之譜牒耳。《官表》徒書公卿拜罷之日，未聞有發明一代之意也。且《諸侯年表》曰異姓王者，曰同姓王者，遷則合而爲一，正以明漢初親疏相錯之旨。固以一己之見，乃以異姓、同姓分而爲二。《功臣年表》曰高祖侯者，曰景惠間侯者，遷則析而爲三，曰『建元以來侯者』，正以明行封異同之意。固以卷帙重大之故，乃以高、惠、文、景、武、昭、宣、元、成析而爲二。《建元以來王子侯者表》斷自建元，始行分封之典，遷意正有在也。固則起於高祖，殊失王子侯表之本旨。《漢興以來將相名臣表》不載百司，將相權重之故，遷意正有寓也。固以將相混於列職之中，殊失將相名臣表之本旨。

蓋西漢公卿雲仍猶在，固爲漢人，畏避閣筆。張湯之後，有大司空純者，固以純之故不以湯爲酷吏。噫！作史而不直書，果何取於書哉？

表志班史之志不及遷同人

《封禪》之書，何爲而作也？自武帝有求仙之惑，子長欲救其失，乃云究觀方士祠官之意，子長之意婉矣。《平準》之書，何爲而作也？自武帝有征利之欲，子長欲箴其非，往往指言弘羊致利之由，子長之言深矣。其著《律書》也，不言律而言兵，不言兵之用而言兵之偃。其序《曆書》也，不言太初而言古曆，不言八十一分之術而言九百四十分之法。書《天官》，則初言春秋星隕而五霸代興，次言漢初日食而諸吕作亂，又次言元光、元狩、蚩尤旗見而兵師四出，正以警時君，修德修政之心。書《河渠》，則初言夏禹治水之源流，次言秦漢治渠之利害，正以知歷代水利之由。於《禮書》載禮論，於《樂書》載樂論，非有高世之識不能也。彼班氏之志，何如哉？

遷所謂《天官》，而固更曰《天文》；遷所謂《河渠》，而固更曰《溝洫》。合律於曆，似也。固獨無一言卞之，何耶？合禮於樂，似也。但言其大概而已，又何耶？易《封禪》曰《郊祀》，毋乃大簡乎？易平準曰食貨，毋乃太繆乎？此猶可也。論天子之行幸而不計里數之遠邇，論儒者之學術而至與農雜而分峙。引書失宜者四，叙事乖理者五。抑又論之，遷史固優於漢也，然功十而過一，遷史亦不能無失。孟堅誠不及子長也，然過十而功一，孟堅亦不爲無得。且世表誠能推百世之本支，然羲農黄爲三皇，昊顓辛唐吴爲五帝。遷乃首黄帝而遺羲昊，名曰『五帝三王之記』，其失一也。《律書》誠能推上生之損益，然遷之得八寸十分一，而乃謂之七分一，其失二也。烏可以遷之得，而不議其失哉！元始以來，權歸王氏，待以異姓之法寓其感慨之意，可取一也。湯之慘刻，不志於刑法，志於食貨，源用刑之由，可取二也。烏可以固之短，而不取其長哉！

評文 林駉

屈原之《離騷》，有長鯨蒼虬不得伸之態，讀之令人激切生忠憤心。靖節之《歸去來》，有閑鷗立海之狀，讀之令人清洒忘名利心。或者至有露才揚己之譏，或者至有以賦爲辭之議。且擷華掇菁，而爲選蕭統之用工多矣；去疵取醇，而爲粹姚鉉之着意勞矣。然西漢之文不取仲舒之《三策》，而取揚雄之《美新》，何見也？然李唐之文不取昌黎之碑，而取段文昌之碑，何識也？編司馬長卿之賦上林，而不知繆言盧橘夏熟。編揚子雲之賦甘泉，而不知妄用玉植青葱。《羽獵》託諷之詞，《子虚》奏雅之篇，而反雜於長門褻慢之語選，果足信乎？述王摩詰《老將行》，而不辨指天幸不敗爲衛青之誤。述李長吉《雁門行》，而不指黑雲壓城續以甲光向日之失。道士吴筠之著《游仙》，釋子蘭之作長城窟，而亦溷李杜、元白之集粹，果可取乎？

嗚呼！有穎士之高識，庶能知李華吊古戰場文？無昌黎之臣服，昌黎文集終爲頹壁敝篋之物。天開我宋，巨工彬彬，一洗萬古，日月争光。故有爲『三百年來文不振，直從韓柳到孫丁』之詩者，有爲『曾子文章衆無有，水之江漢星之斗』之咏者。然考其評議，往往有觀其取予劍佩相笑之見。

歐陽《醉翁亭記》，平生得意，而秦少游以爲用賦體。文正《岳陽樓記》，世稱佳作，而尹師魯以爲傳奇。曾子固之記六經□，張伯玉終不愜意。陳鐸之批答，魯仲明謂非詔語。王荆公以東坡《醉白堂記》，爲《韓白優劣優劣〔一〕論》。蘇公以王金陵《處州學記》爲《學校策》。諸公非相短也，所以相切磋也。不然柳子稱韓文『若捕龍蛇搏虎豹』，至論韓碑有帽

〔一〕今按：『優劣』……

子之習。

樂天之詩，沈存中喜其識趣可尚，章子厚譏其識趣最淺。杜陵之詩，魯直稱其靈丹一粒，楊大年薄其爲村夫子。昌黎之文，平日推重，蘇潁濱譏之。愚溪之文，東坡最愛，歐陽公薄之。諸公非相反也，所以相詰難也。不然老泉嘗稱遷之史，其與善隱而彰，其懲惡直而寬。至其子潁濱，作古史以糾其失。讀『詩未有劉長卿一句，已呼阮籍爲老兵』；筆『語未有駱賓王一字，已罵宋玉爲罪人』。

傳注 林駉

三傳束高閣，遺經究終始，則傳注之學爲可略；寧道孔聖誤，諱言鄭服非，則傳注之學爲可用。嗟夫，同異黨伐者，雖不足以造聖經之純全，而涉獵鹵莽之患，尤甚於黨伐。捃摭訓詁者，雖不足以極聖經之精奧，而高談問論之病，尤深於訓詁，何者？侯國棄籍，咸陽焚經，孔壁之簡不傳，博士之官不立，師友之學不講，訓注之書不作，則簡斷殘缺，人誰知經？

夫《易》雖以卜筮存，而實亡考。經解所授『差之毫釐，繆以千里』之語，使非田焦費高開其源，陳元、王弼導其流，後人何從見《易》乎？噫！讀《易》未識卦爻，已謂十翼非孔子言，此温公所深憂。《詩》自《春秋》作，而已失觀。《論語》所授，素以爲偏其反而之句。使非申公、毛韓爲之訓，鄭玄、賈逵爲之注，後人何從知《詩》乎？噫！讀《詩》以先儒爲非，則啓後學之穿鑿，此元成所極論。

既脱《酒誥》，復失《武成》，《書》非全也。設非伏生受業、孔氏爲注，何所取而爲軌範乎？《兒寬》一篇，聞者喜色；夏侯一言，已知變事，焉可謂無用之學？嗚呼！學書未精，而致伊川疑《金縢》，元城疑稽古者，自文之説耳。既失《月令》，又失《王制》，《禮》非全也。設非高堂后蒼，何所取而大小二戴爲儀文乎？傳一《大學》，學者賴之；得一《中庸》，終身所用。伊川。烏〔一〕可謂無益之書？嗚呼！學禮未盡，而曰晁氏議典禮，泰伯議儒行者，輕薄之言耳。

學官不立，周禮最闕。所賴者，河間之獻，唐成之篆，而是書不至絶響。此龜山所謂周官經世之務，不可不講，必有見也。麟筆既絶，策書不存。所賴者，左氏公穀之傳，賈誼諸儒之訓，而是學不至如綫。此明道所謂『經不通，求之傳；傳不通，求之經，蓋有旨也』。莘老易傳，游酢所序；東坡易傳，晁氏所敬。或發於太極之圖，或廣於先天之説，此

〔一〕今按：烏，疑爲『焉』。

《易》之學益明也。《雨無極》之章必參《韓詩》，《淇水》之章必推逸詩。或論黍離，而知人心之不變；或解狡童，而知人心之已離，此詩之學益明也。書一也，老泉有論，東坡有解。禮一也，泰伯有論，橫渠有解。以言其《周禮》，則子由論三者之疑，泰伯著五十篇之論。子由論《周禮》：王畿之疑，諸侯封國之疑，公邑鄉遂之疑。泰伯有《周禮》之論五十公目。以言其《春秋》，則泰山著《尊王》之書，康節著《觀物》之論。他如五經口議安定，經學理家橫渠。講於經帷，藏於秘閣。至若《易解》一部，《中庸講議》，親筆所撰，不滿復著。中興以來，朱氏之《易傳》，列于秘府；胡氏之《春秋》，萬古有光。前輩詩曰：『讀書未成康成處，安敢高聲議漢儒。』

字文同人

王荆公之辨字説，以觀爲鸛，以稚爲鴟，君子以爲怪。王聖美之治字學，以水之小者曰淺，以金之小者曰錢，君子以爲鑿。

古者蟲書鳥迹，象形指事，故其字有省文，有借用。後世皓首點畫，勞心偏旁，故其字有篆隸之變，有傳寫之訛。强可爲强，則如《記》之『南方之强』；遲可爲遲，則如《詩》之『行道遲遲』；匹可爲鳴，則如《軻書》之匹雛，是所謂省文之字。呂令言載青旗，則載通爲載；漢史言神爵，則爵通爲雀，借此字而彼用可也。《漢文記》云『祝釐』，是借釐爲禧矣；《禮樂志》云『熙事』，是借熙爲禧矣，借一字而兩用可也。《漢高紀》繇咸陽則與傜通，《文紀》無繇教訓，則與由通，《百官表》皋繇則與陶通，《李尋傳》繇俗則與繇通，韋孟詩『犬馬繇繇』則與悠通，《班固賦》『摸先聖之大繇』則與猶通，借一字而六用，亦可也。

自夫有篆隸之釁也。乳、亂兩字初非通用，而隸古之初寫用混淆，至乳變爲亂。法、法兩字亦非通字，而隸書之初，多倦點書至法轉爲法。枣字從朿不從來，古文也。後儒解《漢書》『先生來來』而爲枣。劉字從西音酉從金，古文也，後儒論漢史書，劉姓爲卯金。

自夫有傳寫之訛也。『榷酒漕運』則以榷而從木，『救砭劑』則以砭而從金。互字則易而爲牙，唐人。臘字則易而爲獵。唐尚炅。書魚爲魯，寫帝爲虎。《抱朴子》。嗚呼！三豕到河，非子夏莫之辨；石鼓聱牙，雖昌黎未之曉。雖然古今之文雖變，而所以爲理者，未嘗變。增損之畫雖異，而所以爲説者，未嘗異。劉邠之刊誤《漢書》也，《侯表》之紅縣則易而絳縣，《侯表》之粟客則易而典客。吴縝之糾謬《唐史》也，《唐承訓傳》載『婦弱持陬』則以掫爲陬，《張建封傳》載『困戚不支』則以蹙爲戚。若程伊川讀《論語》曰：『子在齊聞韶音。』蘇東坡讀《尚書》曰：『思日贊贊襄哉。』二先生蓋出新意也。噫！蒼頡之制字，蓋以關天地參造化也。天粟晝雨，市妖夜哭，萬物由之以著，綱常由之以立。惜夫後之諸儒寡識者失之愚，過奇者失之鑿。必如楚子因止戈爲武，以知武之非己功；晋伯宗因反正爲乏，以知鄴都之必可伐。因三蟲食血爲蠱，如醫和知晋侯之疾；因亥有二首六身，如史趙知絳老人所生日數之積，庶無失古人制字之本意。

字音同人

沈存中之論音韵曰：『玖與李異，其韵而詩則協：投我以木李，報之以瓊玖。梁與慶異，其音而詩則協：黍稷稻粱，農夫之慶。以今字而會古音，則律度不諧，宜其差；以古字而尋古音，則宮商相應，宜其叶。如言「題彼脊令」，則題音水；「叶鱣鮪發發」，則發音補。未若「泉源在左佩玉之儺」，以儺之音爲乃可；「清人在彭，駟介彭彭」，以旁之音爲補彭。』說一字也，曰與子成說，曰不可說也，又曰召公所說。莫一字也，曰維葉莫莫，曰莫其德音，又曰歲聿云莫。且《書》曰：『元首明哉，股肱良哉，庶事康哉。』則曰明、曰良、曰康，不同韵也。《易》曰：『西南得朋，乃與類行。東北喪朋，乃終有慶。』則曰行、曰慶，還同聲也。借曰明之於良與慶，固協鄰韵，而行之於慶烏得而協耶。蓋《廣韵》中，以慶音卿，若《班固賦·東都》用慶字與成叶。揚雄草太玄，用慶字與康莊叶，往往比而用之，則知古人蓋用古音也。『高馳兮冲天，羌愈思兮愁人。』天與人，韵異也。以音推之天之反鐵因也，屈原非用古音耶？『皎皎霞外，屣萬乘其如脱。』外與脱，音殊也。以音推之脱之音退也，德璋非用古音耶？《房中歌》曰：『象來致福』，多與國叶。《明堂詩》曰：『允懷多福』，多與職叶。以賈誼疏觀之，福之音福，則漢人非用古福音耶？韓昌黎《聖德詩》，既韵於雨，旁見疊出。或曰『魚魚稚稚』，又曰『濡及九有』。退之平日所習者，皆古文，故其所作者，皆古音。嗟夫！尋古人之意，不能求古人之音，反以沈約四聲、西域七音。後來紛紛等作，以强律之古，豈不過哉？

然嘗論古者字音之失，有由矣。變於四方言語之不同，鑿於諸儒學識之不廣。南方之都音猪，宋人以來音離。邾曰邾婁，得來曰登來。以居爲姬，以但爲地，在魯有焉。曰馮、曰羌，楚何陋也？以一爲蜀，蜀與獨同，蜀何訛也？吴人稱浦爲步，《韓碑》言之；夷人以龜兹爲丘慈，《漢書》言之，此變於四方言語不同也。白樂天《題座隅詩》曰：『但化爲餓殍』，殍非孚也，而狎之可乎？杜牧之《杜秋娘詩》曰：『厭飫不能飴』，飴乃餳也，而訛之可乎？吁音况于，古也，而《揚雄賦》翰林主人曰吁，顔師古乃鑿而音于。梧音訛胡反，古也，而《張良傳》贊魁梧，《項籍傳》枝梧，顔師古乃鑿而音悟。此鑿於諸儒，學識不廣也。閩人之舉進士也，詩賦省題，至以高與歌同韵，此見四方言語之失。范景仁之舉進士也，詩用彩霓，考官以沈約《郊居賦》『雌霓連蜷』，讀霓爲入聲，而黜之。此見後儒學識不廣之過。雖然君子寧爲范景仁之從古者，毋爲沈存中之疑古韵。寧讀賈元公之音卞，毋讀王荆公之字説。

雜體同人

議論不本於孔氏，則厭常喜異不足以垂後世之訓；文章不祖於六經，則夸多鬥靡不足以該天下之理。蓋詩變爲樂府之後，則作《拘幽操》，文王。作《思歸引》，衛女。即或哀、或思之詩也。詩變爲離騷之後，則作《吊湘》，賈誼。作《畔牢愁》，揚雄。即或怨、或哀之詩也。

書自《誥命》之文不傳，而爲制、爲誥、爲表者，皆書之宗派也。書自明良之歌不作，而爲賦、爲頌、爲箴者，皆書之源流也。後之曰紀傳、曰志贊，本春秋之遺策也。後之曰序、曰記，即易與紀之遺策也。諸葛亮出師一表，言辭激烈，讀之令人雍雍然生敬心，故東坡謂『與《説命》相表裏』。杜子美平生詩集，模寫風景，讀之令人洒洒然生愛心，故山谷謂有『三百篇之旨』。韓之《南溪始泛》，魯直嘆有『詩人之句律』。韓之《平淮西碑》，孫覺喜其叙與銘得詩書之體。韓之《歸盤谷序》，坡老謂『唐無文章，惟此篇而已』，則韓之所筆非唐之文，古之文也。柳之詩，東坡稱其在韋蘇州之上；柳之序，前輩稱送僧浩然一篇，無六朝風采。柳之碑，東坡稱『《曹溪南岳諸碑》妙絶古今』，則柳之所著，非唐之文，古之文也。蘇公行吕惠卿之謫辭，衆口稱快；錢穆父行張子厚之謫辭，切中事情。始以帝堯之明姑試伯鯀，終然孔子之聖不信宰予。東坡『怏怏非小主之臣，悻悻無人臣之節』。穆父。范純仁之遺表，辭意感切；王元之之漏院記，憂國切切。范文正之記岳陽樓，有對景自警之辭；張伯玉之記六經閣，得尊六經黜百氏之意。

其奏議也，潁濱之言條例，東坡之論買燈，張方平之諫用兵，鄭介夫之辭除授。其詩章也，楊公之賦朝京闕，歐公之咏春帖，坡公之諷水利。進士之文，王曾以賦策勛而爲賢相，張庭堅以經義進而爲名臣。序述之文，程伊川自序《易傳》《春秋傳》，游定夫爲孫莘老序《周易傳》。嗚呼！宣公奏議，前輩論其有七篇仁義之談；劉禹三閣四章，識者謂可以配黍離。況我朝諸公以六經爲準的，以孔孟爲師範，『三百年來文不振，直從韓柳到孫丁』。於今便合教修史，二子文章似六經，必有續王元之之詩，以爲諸公誦。

書法同人

東坡嘗言：『詩至杜子美，書至顔魯公。』又曰：『顔魯公書雄秀獨出，杜子美詩格力天縱。』蓋顔之筆態有天縱自然之妙，即杜詩之自爲一家也；顔之精神形於以死赴國之時，即松公之憂國愛君也。且虞世南之所稱『五絶』，而『書翰』居其一。世南之書固可喜也，而所學者，禪氏之遺耳。薛稷之書，世稱筆態遒麗，時以無及。然拘拘於世南，遂良之舊迹。歐陽尺牘所傳人以爲書法，亦可貴也。而所仿者，羲之之書。至其通，雖曰『不擇紙筆，皆得如意』，然又切切於其父之遺法。若乃唐之柳公權，觀其論筆法之妙，不求於筆，而求於心。柳之書雖未工而亦工，以其自得於心也。且霧捲霞收，狀若疏而復密；鍾繇。鳳翥龍蟠，勢如斜而反直。王逸少。病其疲，則若隆冬之折木；患其拘，則若嚴家之餓隸，此筆法之雄健也。行行若縈春蚓，字字如綰秋蛇，此筆體之和緩也。楊子雲。

釵額屈玉，鼎足手金，何雅麗也。李斯。行間玉潤，字裏金生，何俊拔也。褚遂良。有風流間媚號伯喈中興者，韓擇木。有八分精妙法衛家傳者。蔡有璘。若乃漢之蔡中郎，觀其太學之石經，開誤後學，訂正聖經，蔡之書雖未工而猶工，以其有濟於用也。司馬公隸書家人中庸，至起高宗嘉嘆之旨，此温公之書有裨於君也。如此，豈但公權之意哉？蘇文忠所書，無非正論，亦起高宗稱賞之音，此蘇公之書有關於世也。如此，豈特中郎之字哉？

杜詩：『彦昭超玉價，趙彦昭。郭振起通泉。通泉尉。到今素壁滑，灑翰銀鈎連。』『凄凉怜筆勢，吴司馬。鯨力破滄溟。張珀，筆力之健。』『總角草書又神速，筆陣獨掃千人軍。』『學人初學衛夫人，但恨無過王右軍。』曹霸。『草書何太古，張彪。揮洒動八垠。薛據。』《李潮八分小篆歌》：『蒼頡鳥迹既茫昧，字體變化如浮雲。陳倉石庫〔一〕又已訛，大小二篆生八分。秦有李斯漢蔡邕，中間作者寂不聞。嶧山之碑野火焚，棗木傳刻肥失真。苦縣光和尚骨立，書貴瘦硬方通神。惜哉李蔡不復得，吾甥李潮下筆親。尚書韓擇木，騎曹蔡有鄰。開元已來數八分，潮也奄與二子成三人。况潮小篆逼秦相，快劍長戟森相向。八分一字真千〔二〕金，蛟龍盤拏肉屈强。吴郡長〔三〕顛誇草書，草書非古空雄壯。豈知吾甥不流宕，丞相中郎丈人行。巴東逢李潮，逾月求我歌。我今衰老才力薄，潮乎衰老奈汝何。』『中郎石經後，八分益憔悴。頓侯運鑪錘，筆力破餘地。』『仰看垂露姿，不崩亦不騫。鬱鬱三大字，蛟龍岌相纏。』

〔一〕今按：据吕本『石庫』，又作『石鼓』。
〔二〕今按：据吕本『真千』，又作『直百』。
〔三〕今按：据吕本『長』，又作『張』。

策試 林駉

窮居憂天下之事，布衣言當世之政，此正試士以策之意也。問以時政之闕失，咨以生民之利病，欲其有裨國議也。名之以敢言欲其無有，稱之以極諫隱情也。且漢之以策對者，始於晁錯，自錯而下，如董、如弘、如欽永，皆以策舉也。唐之以策著者，始於裴垍，自垍而下，如牛、如元白、如劉蕡，皆以策顯也。然君子求其有關於天下之大計，有裨於國家之大議，期無愧於切時之論，則仲舒、劉蕡上策也。而弘欽永、裴元白之流，特下策耳。

今觀三策之對，議論淵源，理義醖藉，勉强行道之論，正心正官之論，其有裨於帝之初政也不少。弘則誣水宰以獻諛，其與仲舒天心仁愛之意爲孰切？欽則援申伯以誣鳳，其與仲舒正朝廷之意爲孰優？永則託後宫以市直，其與仲舒論初政之意爲孰明？嗚呼！捨心腹之疾而論皮膚之患，君子謂之不知務。

今觀方正一篇，勁氣直節，凛凛逼人，力攻藩鎮之强，痛屏閹寺之横，其有益於帝之初政也不誣。僧孺之言法令，其與蕡之攻藩臣者，爲如何？稹之論通經設科，其與蕡之排閹寺者，爲如何？白之條貞觀開元禮樂，其與蕡之談漢元者，又如何？嗚呼！棄豺狼而問狐狸，君子謂之不知務。

國家之策試有二：曰制科，曰進士。國初以詩賦取士，蓋循唐制之舊，所謂策試者，特施之制科耳。熙寧以策取士，蓋因吕公著之請，所謂制科者，已罷策試耳。張方平平戎十策，傑然於賢良之科；蘇子由直言君上，拔出於方正之對，此制科之得人也。范鎮當熙寧之初，直詆時政，而不恤大臣之怒；張九成當紹興之時，公言百執而不憚天子之嫌，此進士之得人也。雖然司馬君實之司文衡，則東坡之策以直對。吕惠卿之任考校，每怪葉祖洽之不奉新法，此先輩所謂『對者之是非，在考官之去取』。

文行 同人

康衢之謡，發於童子之口；風雅之什，出於閭巷之間。軻書七篇，貴仁尚義；蘭陵一書，尊王黜霸。且漢士登文章之籙者，賈之賦鵩，司馬之子虚。公孫之奏大對，揚雄之善詞章。鼂錯、主父偃、王褒、枚乘以文辭顯，劉歆、谷永以經學著，豈不横騖遠駕，爲漢之翹楚？·由今觀之，興悲湘水適喪良心，賈。失節臨邛浸虧細行。司馬。脱粟濟葤，何明經之足尚？·公孫。投閣招辱，何草玄之自勞？·揚。刑名縱横之學，曷齒於儒流？·鼂。辭賦頌歌之作，無裨於風諭。王枚。黨王鳳而名節蔑聞，谷。附新莽而忠義掃地，劉。大節不謹，他美莫贖。唐士馳翰墨之場者，辭章則柳河東、劉中山，醇奉則宋之問、沈佺期，制策則楊炎、德裕，言詩則李白、元稹，豈不聲價增重爲唐之巨擘？

由今觀之，叔文詀詀小人，傾身納交。蠅營狗苟，劉。卒至竄逐而後悔。柳。易之怙寵憸夫，甘心媚附。奴顔婢膝，宋。必至取敗而後已。沈。誘殺忠良，朝野側目。楊炎。植立朋黨，搢紳貽害。李德裕。統御寡謀，無弦鳴雁落之能；元稹。孟浪不撿，爲挺身騎鯨之怪。李白。言不顧行，文章奚工。漢之董仲舒敷陳三策，切中帝心；唐之韓退之佐佑六經，有光帝範。文弊於戰國暴秦，至仲舒，則繼道統於垂綫；文弊於三國六朝，至昌黎，則回狂瀾於既倒。

祥符間，楊億、劉筠筆力宏壯，天下仰慕。翰染如飛，門人傳録。然冊后之舉，富貴可立俟也，而楊億不捧詔，丁謂之留權要所當奉也。而劉筠不奉詔，氣節如此，則其文宏壯也宜哉。天聖間，尹洙、歐陽。尹之文則簡而有法，歐之文則得之自然，因所學而觀所養，處窮達而臨禍福，則歐公能言之。以救時行道爲賢，以犯顔敢諫爲忠，則蘇公能言之。氣概如此，則其文簡嚴也宜哉。慶曆景祐間，眉山之蘇，南豐之曾。讀東坡之文，豪縱奔逸；讀南豐之文，雄渾瑰偉。然始而金馬石渠，不自知其東坡赤壁；中而東坡赤壁，不自知其紫微玉堂；晚而紫微玉堂，不自知其朱厓厓儋耳，此東坡之所以爲東坡。始而挺立朝廷，凛然有不可犯之色；中而間關補外，泰然無三慍之意；晚而言事不合，晏然有不爲動之勇，此南豐之所以爲南豐。晋公之文，蓋自韓柳而後一見也，拂鬚之媚，君子惡之。臨川之文，蓋與三蘇、二曾相伯仲也，新法之害，識者羞之。

文章

朱子曰：『文章，德之見乎外者，威儀文辭皆是也。』朱子曰：『道之見〔一〕者謂之文，蓋禮樂制度之謂。』

子貢曰：『夫子之文章，可得而聞也。』子曰：『文，莫吾猶人也？』子畏於匡，曰：『文王既没，文不在兹乎？天之將喪斯文也，後死者不得與於斯文也；天之未喪斯文也，匡人其如予何？』

《易・賁卦・彖》：『觀乎天文，以察時變；觀乎人文，以化成天下。』《程子傳》曰：『天

〔一〕今按：『見』，朱熹《論語集注・子罕》作『顯』。

文謂日月星辰之錯列，寒暑陰陽之代變。人文，人理之倫序。』《革·九五·象》：『大人虎變，其文炳也。』《上六·象》：『君子豹變，其文蔚也。』《論》子曰：『博學於文。』顔淵曰：『博我以文。』子曰：『周監於二代，鬱鬱乎文哉，吾從周。』

文藻

夢五色筆，夢生花。江淹夢人授五色筆，文藻日新，後夢郭璞曰：『吾筆在卿，可還。』乃還，後絶無味句。李白少時夢筆頭生花，才思贍逸。

夢紫鳥，夢丹篆。唐張鷟兒時夢紫文大鳥，五色，止于庭，以文瑞朝廷。韓愈夢一神人授丹篆，呑之，文詞大進。

開口成文，下筆霧散。李白序。

兄文溷樞草舍，余文五鳳樓手。韓浦謂其兄洎：『吾兄文溷樞草，舍余文造五鳳樓手。』洎詩曰：『十樣鸞牋出益州，寄來新自浣花頭。老兄得此全無用，助爾新添五鳳樓。』

五典爲笙簧，三墳爲金玉。《抱朴子》。三都二京，五經鼓吹。孫綽。沈光《洞庭樂賦》：

『一片宫商。』韋岫。文章司命韓愈，文陣雄師張九齡。文章宿老李嶠，字挾風霜淮南。希深文虎謝希深，曹植綉虎曹植，七步成詩。燕許大手筆，李杜文章在。張説燕國公，蘇頲許國公。韓：『李杜文章在，光焰萬丈長。平生千萬篇，金薤垂琳琅。婆娑海水南，簸弄明月珠。』龍文萬〔一〕斛鼎，筆力可獨扛。韓《贈張十八》。

衙官屈宋，奴僕命騷。杜審言云吾之文可使『屈宋作衙官』。杜牧《李賀集序》：『使賀未死，小加以理，奴僕命騷可也。』如干將莫邪，難與争名。李邕文名『不意永嘉之末，復聞正始之音』。衛玠。韓：海涵地負，放恣縱横。詭然而蛟龍翔，蔚然而虎鳳躍。日光玉潔，周情孔思。茹古涵今，入神出天。穿天心，出月脇。顧况。機文喻海，陸機。潘藻如江。潘岳。盧同《月食詩》，韓愈進學解，莫不拔天倚天，句句欲活。讀之如赤手捕長蛇，不施鞚勒騎生馬。

八叉手，八韵吟。温庭筠工賦，每入試，凡八叉手而八韵成，未嘗起草作賦，一吟一韵，場中號『温八韵吟』。四傑，一偉。王、楊、盧、駱，號『四傑』。薛奎入蜀，還，或問所得，曰：『得一偉人，當以文學名世。范鎮。』詞旨豐美，得中和之氣。許景先。賦字金聲，拜中舍人。

〔一〕今按：『萬』，疑为『百』。

『吾賦字字作金聲。』王翊《昭陽殿頌》《白龍頌》。乾亨，拜中舍人。文思敏速，翰動如飛。唐李巨川，乾符，王重榮書記。日試萬言，倚馬可待。李白燦然，如繁星麗天，芒寒色正。

思若涌泉，揮翰如飛。蘇廷碩，中書舍人。權邦彥，揮翰如飛，文不加點。黄䕫幼婦，外孫齏臼。後漢會稽上，虞長尚度使邯鄲淳，作《曹娥碑》。蔡邕題八字曰：『黄䕫幼婦，外孫齏臼。』楊修曰：『黄䕫色絲色絲絕，幼婦少女少女妙。外孫女子女子好，齏臼受辛受辛辭。所謂絕妙好辭。』『黄鍾大吕，慶霄天籟。奇策正聲，鏗鏘照燭。真可謂作者之表，方駕古人。』權德輿《答楊湖南》。

紙墨爲貴，紙貴洛陽。謝莊作殷淑妃，哀策文，紙墨爲貴。左思《三都賦》成，洛陽紙貴。

京師紙貴，河朔流聞。邢邵每一文出，京師紙貴。劉孝綽每作一篇，流聞河朔。

海內文宗，天下無双。陳子昂爲《感遇詩》，王適曰：『海內文宗，天下無双。』『江夏黄童黄香。

有相如、揚雄之風，是李陵、蘇武之師。賈逵薦李尤有相如、揚雄之風。杜詩：『李陵蘇武是吾師，孟子論文更不疑。一飯未能留俗客，數篇今見古人詩。』專言孟雲卿。

孫綽作《天台賦》，擲地金聲；禰衡作《鸚鵡賦》，文不加點。

李賀如崇岩峭壁，陸機猶玄圃積玉。李賀文體如崇岩峭壁，萬仞崛起。人之爲文，常恨才少，士衡患多，猶玄圃積玉，無非夜光焉。

人人自謂握靈蛇之珠，家家自謂抱荆山之玉。《曹植書》。馳驅屈宋，鞭撻揚馬。

君房下筆，張説爲文。君房下筆，言語妙天下。賈捐之。張説爲文，得江山助。

文章成筋骨，文體謂宫體。北史祖瑩『文章須自出機杼，成一家筋骨』。何人、共人，同生活也。譏世人竊他文爲己用。梁徐摛文體輕麗，謂之『宫體』。

訓詞温厚，文檄豪健。『訓詞温厚，有典誥風。』唐崔元裕。『文檄豪健，一時推許。』唐舒元輿。

陳琳作檄愈頭風。元和主盟，實在元白。工詞賦，尚奇詭。柳公權工詞賦，應聲成文。李賀辭尚奇詭，絶去翰墨畦徑。天才有餘，摽贄奔放。歐陽天才有餘，獨步當世。曾南豐摽贄奔放，雄渾瑰瑋。文章雄健，典贍清逸。張忠定咏乖厓，文章雄健有氣骨。梁周翰曰：『三百年來不見此作。』范成大至能典贍清逸，成一家言。石湖。頃刻千言，動筆如飛。楊大年頃刻之際，成數千百言，真一代文豪。介甫動筆如飛，觀者服其精妙。文辭有漢風，文章擅天下。温公文辭深淳，有西漢風。蘇氏文章遂擅天下。坡。駢四儷六，錦心綉口。柳。沉浸濃郁，含英咀華。韓。正聲諧韶護，勁氣沮金石。播芳蕤之馥馥，發清條之森森。

傾群言之瀝液，漱六藝之芳潤。文賦。文彩耀於玉石，卿雲黼黻河漢。與日月俱垂，鬼神爭奧。選序。峻如嵩華，盛如江河。崔祐甫。陸贄文章，與典謨接軫。玉佩瓊琚，大放厥辭。韓祭柳。寂寥乎短章，舂容乎大篇。郁郁哉溢目之黼黻，洋洋乎盈耳之韶。護。凌轢風騷，超軼今古。白。筆端膚寸，膏潤天下。劉賓客。肆意文章，秋濤瑞錦。皇甫湜。文懸日月，字動烟霞。王維集。如雲漢之爲章于上，江漢之爲紀于下。李義山。四六之作，自起徐庾。談笑尊俎之間，舒捲風雲之際。絶去刀尺，渾然天質。《六一集》。

杜：『藻翰惟牽率，잇기여셔湖山合動摇。』得山水之助。『文章差底病，回首興陶陶。』何病乙使差五。『文章亦不盡，竇子才縱橫。』非爾更苦節，何人符大名。讀書雲閣觀，問絹錦官城。時事。我有浣花竹，題詩須一行。《送竇九歸成都》。《懷古》：『搖落深知宋玉悲，風流儒雅亦吾師。悵望千秋一洒泪，蕭條異代不同時。江山舊宅空文藻，雲雨荒臺豈夢思。最是楚宮俱泯滅，游人指點到今疑。』『文章憎命達，文彩承殊渥。』李白。文章千古事，文彩實致身。鮮于仲通。鄭李匡時論，文章並我先。審之芳。『放蹄知赤驥，捩翅服蒼鷹。』言文俊逸劉伯華。文章開突奧，咨嗟玉山山邑多桂。李邕詩。『閱書百紙盡，落筆四座驚。鍾律儼高懸喻邕詩之法度，鯨鯢紛迢遞喻邕詩之雄捷。讀書東岳中，十載考墳典。蘇源明。』『健筆凌鸚鵡，銛鋒瑩鸊鵜。水鳥膏瑩刀。』張垍。

蘇渙詞句動人，涌思雷出。書篋几杖之間，殷殷留金石聲。『再聞誦新作，突過黄初詩。魏文年今晨清鏡中，勝食齊房芝。意味深美。余髮都却變，白間生黑絲。聞詩而喜，白髮還黑。』陳琳草檄，頭風頓愈。蘇渙新作，白髮却變。

十五富文史，十八足客客。李丹。浩蕩問詞源，爛熳通經術。虞司馬。『詞源倒流三峽水，汝身已見唾成珠。』杜勤。『熟精文選理，經書滿腹中。』藻簡。文章曹植波瀾闊，詞華驚後輩。漢中王。『飄飄青瑣郎，文彩珊瑚鉤。浩歌緑水曲，清絶聽者愁。』郭給事。載聞大易義，諷咏詩家流。『文章有神交有道，端復得之名譽早。』薛端蔣復。近來海内爲章句，汝與山東李白好。何劉沈謝力未工，遜安。才兼鮑照愁絶倒。約眺。』見薛華當愁絶而倒。文章一少枝，於道未爲尊。筆並盧王敵，書偕褚薛能。

向來披述作，老去詩篇渾漫興。石首處見新文一卷。意愜關飛動，篇終接混茫。言其飄逸天地之初。

新文生沈謝，新文尚起予。《李秘書》。陰何尚清省，沈宋欻聯翩。鏗遜佺期之問。律比崑崙竹，音知燥濕絃。文章叶音律。『前後萬篇文，枕藉皆禁臠。』源明之文，美如禁臠。晋文帝得豚，一臠尤美，呼爲禁臠。『群書萬卷常暗誦，孝經一通看在手。』王季友孝友之美。『讀書破萬卷，下筆如有神。賦料揚雄敵，詩看子建親。』『群書一萬卷，博涉公務隙。』裴施州。『獨步四十年，風聽九皋唳。』李邕文章天下皆聽。『李白欺前輩，陶潛仰後塵。』鄭谷。摛藻如春華。班固。摛藻艷春華。潘正叔。摛藻掞天庭。左思賦。英辭閏金石，謝靈運。風流散金石，追琢山岳鋭。杜。調與金石諧，思逐風雲上。鄭氏才振古，啖侯筆不停。詞華驚後輩，風雅藹孫騫。斯文散都邑，高價越璵璠。雄筆映千古，波瀾獨老成。詞林有根抵，聲華當健筆。筆涌江山氣，文驕風雨神。張説。筆落生錦綉，李。文章蔑曹謝。韓。文如翻水成，初不用意爲。韓。鏗鏘發金石，幽眇感鬼神。腸胃繞萬象，精神驅五兵。春雲生嶺上，秋濤起胸中。東野。翰苑飛鸚鵡，天池待鳳凰。劉叉。星斗焕文章，仙筆驅造化。杜牧唐詩。手扶雲漢分天章。韓。天孫爲織雲錦裳。坡。庾信文章老更成，凌雲健筆意縱横。庾信平生最蕭瑟，暮年詞賦動江關。崔侯文章苦敏捷，高浪駕天輸不盡。韓。海内聲華並在身，篋中文字絶無倫。制從長慶詞高古，詩到元和體始新。白。人間無價是文章，文章似錦意如虹。劉賓客。筆端猶自斡千鈞，舌有風雷筆有神。永懷江左逸，嵇阮謝鮑。多病鄴中奇。曹植。楊王盧駱當時體，輕薄爲文哂未休。爾曹身與名俱滅，不廢江河萬古流。輕薄四人。才力應難跨數公，凡今誰是出群雄。今文小巧，不如四人。或看翡翠蘭苕上，未掣鯨魚碧海中。『復憶襄陽孟浩然，清詩句句盡堪傳。即今耆舊無新語，漫釣槎頭縮項鯿。』浩然詩：『梅花殘臘月，柳色半春天。鳥泊隨陽雁，魚藏縮項鯿。』禁人捕，以槎斷水，因謂槎項鯿。不見古人王右丞，維。藍田丘壑蔓寒藤。最傳秀句寰區滿，未絶風流相國能。維弟縉編，四百餘篇上之。馬卿四賦良，枚乘文章良。『往者十四五，出游翰墨場。斯文崔魏徒，以我似班揚。』崔鄭州尚，魏豫州啓心。『七齡詞即壯，開口咏鳳凰。張華五歲，見畫鳳凰，客命咏文，隨口即成。九齡書大字，有作成一囊。氣靡屈賈類，目短曹劉墻。』《陳拾遺》：『有才繼騷雅，哲匠不能肩。公生楊篤後，名與日月懸。』『古人已用三冬足，年少今開萬卷餘。富貴必從勤苦得，男兒須讀五車書。』柏學士。『學業醇儒富，詞華哲匠能。筆飛鸞聳立，章罷鳳騫騰。』汝陽王。

學際天人，文追盤誥。錦裳織雲，玉斧修月。筆底春陽，胸中秋月。筆底波瀾，胸中河海。擅腸文字，扶河漢而披天章；滿腹精神，噓海岱而出雲氣。横絶銀河，織天孫之雲錦；倒翻滄海，弄明月之驪珠。三皇五帝之前，摩挲已遍；六經百氏之外，搜剔何多。博洽多聞，太乙下青藜之杖；風流自命，謫仙披紫濤之裘。篝燈丙夜，動太乙之然藜；獻賦丁年，燦天孫之織錦。手摽如玉，英精奪婺女之輝；咳唾皆珠，文彩對天孫之巧。咳唾成文，陣馬風檣之敏快；精神滿腹，冰車雪柱之清高。涵今茹古，綱千載於胸中；發藻摛華，絢三春於筆下。立言垂世，周情孔思之源流；引義正君，伊訓説之表裏。筆下宮商富錦瑟五十弦之奏，胸中斧藻森牙籤千萬軸之儲。英聲撞萬石之鍾，汗流籍湜；雄文扛百斛之鼎肩抽莊騷。劘屈賈壘短曹劉墻才涵萬狀，薰班馬香摘屈宋艷文成一家。有奪造化之機，飛上廣漢宮而修月；以鑿混沌之手，鍊成五色石而補天。博通經史，大之爲河海，纖之爲珠璣；作爲文章，詭然翔蛟龍，蔚然躍虎鳳。筆有活法，珠走於盤而不出於盤；派接古文，冰生於水而尤寒於水。綴明月以爲裳，絶半點塵埃之氣；分雲漢而織錦，本一家機軸之成。筆下珠璣，正聲諧韶，護勁氣沮金石；舌端河漢，深謀噴江海逸思走風塵。

書翰

咫尺書，一紙書。一紙書賢于十郵從事。中涓書，五雲體。萬石君爲中涓，受書謁。韋陟以五采牋爲書記。繫鴿，張九齡。繫雁。蘇武。

曄若春華，瀏若清風。巴牋染翰光，蘭章忽有贈。山谷。相憶無南雁，何時有報章。韋超。深慚長者轍，重得故人書。白髮絲難理，新詩錦錦□不如。雖無南過雁，看取北來魚。白絹斜封三道印，開緘宛對諫議面。盧同。盈把那須滄海珠，入懷本擬崑山玉。杜。更無南過雁，猶見北枝梅。后山。筆飛鸞聳立，章罷鳳騫騰。杜贈汝陽王。神翰顧不一，體變鍾兼兩。鄭虔變鍾之外，自成一家之體。李嘉祐詩：『唯有同時驄馬客，偏題尺牘問窮愁。』恐指薛侍御也。杜《寄岑嘉州》：『不見古人十年餘，不道古人無素書。眼前所寄選何物，贈子雲安双鯉魚。』『近有風流作，聊從月繼徵。此言劉詩月月得見。放蹄知赤驥，捩翅服蒼鷹。卷軸來何晚，襟懷庶可憑。』『忽得炎州信，聊從月峽傳。』荆州明月峽。『久客多枉友朋書，素書一月凡一束。』肯作置書郵，有使即寄言。殷羨豫章太守，都下人多因羨寄書皆棄水中，曰羨未能爲置書郵。『雕蟲蒙記憶，烹鯉問沉綿。』『天上多鴻雁，池中足鯉魚。』『相看過半百，不寄一行書。』《寄高詹事》。別家三月一得書，家書抵萬金。『開緘書札光，磊落字百行。』『耒陽馳尺素，見訪荒江渺。』聶來陽以僕阻水，書致酒肉，療飢荒江。中原戎馬盛，遠道素書稀。寄書問三川，不知家在否。『自寄一封書，今已十月後。反畏消息來，寸心亦何有。』反謂消息來傳凶問，使我寸心泯滅無有。書信中原闊，音書静不來。九道附書向洛陽，十年骨肉無消息。風塵荏苒音書絶，秖是書應寄。《得家書》：『去憑游客寄，來爲附家書。』『親朋滿天地，兵甲小來書。』闕河信不通，鄰舍煩書札。音書恨烏鵲，尺牘倒陳遵。』漢陳遵贍於文辭，善與人尺牘。忽忽峽中水，悲風方一醒。西來有好鳥，爲我下青冥。清文動哀玉，見道發新硎。見道敏捷。書成無過雁，佳句染華牋。江过送孫楚，遠寄白頭吟。《寄楊桂州譚》。

文質

子曰：『殷因於夏禮，所損益可知也。周因於殷禮，所損益可知也。其或繼周者，雖百世可知也。』朱子曰：『文質謂夏尚忠，商尚質，周尚文。』子夏問曰：『《詩》云：「巧笑倩兮，素以爲絢兮」，何謂也。』朱子曰：『言人有此倩盼之美質，而又加以畫采之飾，如有素地而加采色也。』子曰：『繪事後素。』曰：『禮後乎？』朱子曰：『《考工記》曰：「繪畫之事後素功」，謂先以粉地爲質，而後施五采，猶人有美質，然後可加文飾。』朱子曰：『禮必以忠信爲質，猶繪事必以粉素爲先。』

子曰：『質勝文則野，文勝質則史，文質彬彬，然後君子。』朱子曰：『野，野人，言鄙略也。史掌文書，多聞習事，而誠或不足也。』棘子成曰：『君子質而已矣，何以文爲？』子貢曰：『惜乎！夫子之説君子也。駟不及舌。文，猶質也；質，猶文也。虎豹之鞟，猶犬羊之鞟。』朱子曰：『棘子成矯當時之弊，固失之過；而子貢矯子成之弊，又無本末輕重之差，胥失之矣。』

《表記》子曰：『裼襲之不相固也，欲民之毋相瀆也。』裼襲以示，文質異宜。一時異事，易服從事，各存其敬。不以襲衣而因爲裼，不以裼衣而因爲襲。

《表記》子曰：『夏道尊命，事鬼敬神，近人而忠焉。親而不尊，其民之敝，惷而愚，驕而野，樸而不文。殷人尊神，率民以事神，先鬼而後禮。其民之敝，蕩而不静，勝而無耻，周人尊禮，尚施事鬼敬神，近人而忠焉。其民之敝，利而巧，文而不慚，賊而敝。』子曰：『虞夏之道，寡怨於民；殷周之道，不勝其敝。』子曰：『虞夏之質，殷周之文，至矣。虞夏之文，不勝其質；殷周之質，不勝其文。』吕氏曰：『吴夏之道，質質者責人也略，故寡怨於民；殷周之道，文文者責人也詳，民之不從刑賞以驅，故不勝其求虞夏質之至者也。故文不勝其質，殷周文之至者也。故質不勝其文，三代所尚非苟爲異，亦各因時救敝而已。繼周者，未有以救之。楊、墨、韓、莊所以肆行於戰國也。』

忠敬文之相尊，野鬼僿小人以僿救鬼之有敝。《史記》。董仲舒策曰：『三王之道，所祖不同，非其相反，將以救溢扶衰，所遭之變然也。故王者有改制之名，無變道之實。夏尚忠，商尚敬，周尚文者，所繼之救當用此也。今漢繼大亂之後，若宜小損周之文致，用夏之忠者。』

『文質相焕炳，衆星綱秋旻。』李白。或曰：『有人焉，自姓孔，而字仲尼，入其門，升其堂，伏其几，襲其裳，則可謂仲尼乎？』曰：『其文是也，其質非也。』『敢問質。』曰：『羊質而虎皮，見草而説，見豺而戰悸，忘其皮之虎也。』『聖人虎别，其文炳也；君子豹别，其文蔚也；辯人貍别，其文華也。貍變則豹，豹變則虎。』揚子。

春秋

《左·成十四》君子曰：『《春秋》之稱，微而顯，志而晦，婉而成章，盡而不污污曲，懲惡而勸善，非聖人誰能修之？』《昭·卅一》君子曰：『《春秋》之稱，微而顯，婉而卞，善人勸焉，淫人懼焉。』《宣二》孔子曰：『董狐古之良史也，書法不隱。』《昭十二》：『左史倚相趨過楚，王曰：「是良史也。」』《孟子》曰：『孔子懼作《春秋》，《春秋》，天子之事也。是故孔子曰：「知我者，其惟《春秋》乎？罪我者，其惟《春秋》乎？」』又曰：『孔子成《春秋》，而亂臣賊子懼。』《孟子》曰：『詩亡，然後《春秋》作，晋之《乘》，楚之《檮杌》，魯之《春秋》，其義一也。其事則齊桓、晋文，其文則史。孔子曰：「其義則丘竊取之矣。」』《公羊傳》曰：『其辭則丘有罪焉！」』

程子曰：『孟子曰：「春秋無義戰」，「春秋天子之事」，故知春秋者，莫如孟子。』春秋之意，在二子，睦孟謂嚴彭祖、顔安樂。《公羊春秋》。丁公，鄭興。丁公習公羊嚴氏春秋，建武遷少府。鄭興，開封人，學公羊春秋，兼通左氏。賈徽，賈逵。賈逵，平陵人，父徽，受左氏春秋，逵悉傳其業，學者稱爲通儒。征和二年，太子自殺，集覽公羊傳注。爲人君父而不通《春秋》之義，必蒙首惡之名；爲人臣子而不通《春秋》之義，必陷簒弑之誅。天王殺其弟佞夫，甚之也。今漢武之殺皇太子即此。

史學 林駉

《周禮》：『外史，掌書外令，掌四方之志，掌三皇五帝之書，掌達書名于四方。若以書使于四方，則書其令。』論史於麟經之後，至司馬遷《史記》而止；論史於麟書之後，至歐陽公《唐史》而止。甚矣，作史之難也。班史失之同，曄史失之誕，陳壽之志三國失之誣，陸機干寶諸人之志晋失之謬。

遷史之表。《三代世表》觀百世之本，支帝王授受之正統，可見也；六國年表示天下之名分，尊卑逆順之正理，可見也。《十二諸侯年表》以下，以地爲主，故年經而國緯，觀天下之大勢也。《高祖功臣年表》以下，以時爲主，故國經而年緯，觀一時之得失也。《秦楚月表》上尊義帝而漢居其中，明大義也；《將食年表》上繫大事之記，明職分也。至唐之表。

杜如晦爲侍中，仍監東宫兵馬之事；魏徵爲秘書監，反帶參議朝政之銜。唐宰相之稱號如此，豈不爲後人之戒？裴氏之房有五，而宰相十七人；劉氏之房有七，而宰相十二人。唐諸臣之家法如此，豈不爲後人之勸？

遷史之書。《封禪》一書，述帝舜以下也，正以著求仙之作；《平準》一書，述歷代以下也，正以著征利之非。於《禮書》，則載孫卿禮論而不載叔孫綿蕞者，見野儀之失，而古禮之得也；於《曆書》，則載古曆四十分之法，而不載太初八十一分之法者，見太初之疏而古曆之密也。至唐之志，董仲舒、劉向子歆以《春秋》《洪範》論灾異之訂。班固合三説而志五行，范史因之，晋史因之。歐公自立，特見考武德以來，著其灾異，削其事應，而不殉漢儒之論，此志五行之得體也。馬遷考經星常宿爲《天官》之書，班固因遷舊説而志天文，晋史因之，隋史因之。歐公獨以一代天文，考武德以來，某星爲祥，某星爲異，而不泛言彼蒼之象，此志天文之得體也。

又考遷史紀傳、世家。秦皇已并六國，事異於前，則秦皇可紀也。項羽政由己出，且封漢王，則項羽可紀也。孝惠高后之時，政出房闥，君道不立，則吕后亦可紀也。夫子在周，則臣道在後世，則師道故以世家别之；陳涉在夏商，則湯武在秦，則陳涉故以世家繫之；蕭、曹、良、平雖曰通侯，皆社稷之臣，則亦列於世家也。

以伯夷居於列傳之首，重清節也；以孟、荀冠於淳于之徒，尊吾道也。以莊周附于老子，以申不害附於韓非，別異端也。他如僥佞、酷吏、日者、龜策、滑稽、貨殖、游俠皆爲當世而發，吁有旨哉。

唐傳視遷，亦不多遜。紀太宗而譏以牽於多愛之言，非妄也，蓋得於讀等慈之碑；紀武宗而貴以好惡不同之語，非誕也，蓋得於讀會昌之文。太宗破世充、建德，乃於戰處建寺。爲陣亡薦福余於本紀，譏其牽於多愛。武宗奮然除去浮屠鋭矣，而躬受道家之籙，服藥以求長年，以此知非明知不惑者，特好惡不同爾。韓愈使王庭湊之節，陽城諫裴延齡之相，舊史没其事，今乃書其實，蓋以明忠臣之義；舊史置於隱逸，今乃列於卓行，蓋以表君子之功。入秦系於隱逸，出劉蕡於文苑，皆所以示揚善褒德之意。嗚呼！世無馬遷，無以示後人作史之例；世無歐公，無以洗諸子作史之陋。

然自固以下，亦不可不辨也。《王子侯表》，遷則斷自建元以武帝，始有分封之制也；固則自高文以來，叙之何昧耶。《公卿官表》，遷則繫以大事以驗大臣賢否之職也；固則削去不録止書拜罷年月而已何略耶。古今人物表，以區區一夫之見，欲定生民以來賢聖愚智之差等，何其不知量耶？高祖之創南北軍，武帝之置羽林軍，此一代大政也；固則不志兵，使節度無所考。光武之三十税一，和帝之縱民煑鑄，此一代急務也。曄則不志食貨，使豐耗無所稽。志郊祀者，不計巡幸里數之遠；志天文者，反略當代灾祥之事。范史紀皇后而不知尊卑之分，三國紀元魏而不辨逆順之理。甚者，晋史之紀，繆悠愈甚。貶晋之亡也，且有鰲墜三山，鯨吞九服之言；貶惠皇之失御也，且有溽暑之氣方闌，淫哇之言罕記，此諸史著紀之失，然也。

論蕭何之理家，而不思記載之反覆；論釋之之不調，而不思表傳履歷之乖誤。『先言民上書何强賤買民田宅數千人，後言何買田宅必居窮僻處，曰今後出賢師吾儉，其反覆不可信如此。本傳云釋之事，文帝十年不得百官表。文帝即位三年，釋之爲廷尉。曄以忠毅董宣列於《酷吏》之傳，以直諒鄭褏列於宦者之徒。壽因私忿未復，而訾諸葛瞻之失；素米不獲而不立丁儀之傳。他如南北紛錯，陳隋乖謬，此諸史立傳之過，然也。

好議論者曰：蘇子由古史之作，而遷史無直筆；吴縝糾謬之出，而歐史無全美。往往以微失細過、吹毛求疵。噫，亦苛矣！議遷史者，以遷之妄述宰我常從田常，而不知左氏所述闞止争政之由；遷之妄稱子貢一出變易五國，而不知左氏所載伐魯、伐齊之故；遂以是爲遷史之失。嗚呼！盍亦究史遷傳信之誤乎。蓋遷承秦滅籍之後，左氏不立學官，經傳無傳。始誤於游説之辭，遷何尤焉？議唐史者，以潁達之字傳云仲達碑，云冲遠字畫之訛也；裴少庭之謚傳云忠憲碑，爲忠、獻字音之訛也。其傳子儀，則不書微時之所征討；其傳張巡，則不書大小數百戰之功。遂以是爲唐史之誤。嗚呼！盍以考紀傳分撰之始乎。蓋歐公所修者紀志，宋公所修者列傳，時慮其體不一，命歐公脩而一之。公受命而退，一無所易，見公愛人以德也，公何病焉？

三孔：文仲、武仲、平仲。史學尤精，工於執句。史官侍，子玄卒。開元五年，令史官隨宰相入侍。書法，良法也。此令一出，則史無不記之事，臣無私謁之言，朝廷清明矣，故書予之。開元九年，安州别駕劉子玄卒，子玄即知幾也。初著作郎吴兢作《則天實録》，言宋璟激張説使訂魏元忠事。後説修史見之，謬曰：『劉五殊不相借。』兢曰：『此兢所爲，史草有在，不可使明公枉怨死者。』同僚失色。其後説陰祈兢改數字，兢曰：『若殉公請，則此史不爲直筆，何以取信於後！』書法卒，子玄何録良史也？

實録 林駉

『實録』之名，何始乎？稱於漢，而定於唐也。漢人抽蘭臺之秘藏，發金匱之舊籍。曰『本紀』，則係天下之統；曰『世家』，則係一國之紀；曰『列傳』，則係一人之事。書者制度沿革之大端，表者興亡理亂之大略，此漢實録之號也。

然《帝紀》列呂氏不能無譏於房闥之政；八書著《封禪》，不能無憾於登封之舉。《禮書》盡録《荀子》，是長禾等儀，非儀也；《樂書》只載《記》，是昭容、禮容等樂，非樂也。唐高祖之二十卷，敬播撰之，房玄齡修之。太宗之六十卷，顔嗣元修之，長孫無忌增之。憲宗之四十卷、德宗之五十卷、順宗之五十卷，則閏色於既濟父子之手，則粉澤於蔣文、韓愈之筆，此唐實録之書也。然敬宗之曲筆未免有失實之嫌，韓愈之直書又起後來竄定之議。

宋搜尋有詔，訪求有命，而實録之書益備。提舉以宰臣，修撰以侍從，檢討校勘以本省官，而實録之官益重。或置院、或寓史館、或罷館而歸院，而實録之地益崇。名山登載，鏗乎二典之並傳；寶闕分華，焜若祖孫之炳耀。藝祖之開天下也，規模萬世；太宗之守文治也，有光前代。故興國三年，李昉、扈蒙、趙鄰幾之同修所獻者。咸平元年，吕端、錢若水、李宗諤、趙安仁之同修所上者，皆鋪陳乎此也。真宗以清净治，仁宗以安静治，故天聖二年三月，李維、晏殊所上百五十卷而大典惟恐其不謹也。熙寧二年冬，韓琦所上二百卷而金匱惟恐其不副也。英宗三十卷之昭昭可考者，曾公亮領之也；神宗正史之久鬱復明者，范冲定之也。哲宗元祐之治，雖行於京卞之手，而終潔於紹興之四年也；徽宗崇觀之事，本出於蔡京之奸，而卒明於紹興之三十二年也。高宗之中興，再植宇宙，則紹興嘉泰諸臣所定，亦可覆也；孝宗之揖遜，宏謨懿範，則嘉定諸臣所潤色者，亦可見也。蘭臺石室，有直筆而無隱情；寶軸牙籤，有全典而無遺典。揚子曰：『問左氏曰品藻，太史遷曰實録。』貞觀十七，房玄齡等上高祖，今上實録。太宗謂褚遂良曰：『卿知起居注，所書可得見乎？』對曰：『史官書人君言動，備記善惡，未聞自取而觀之也。』房玄齡乃與給史中許敬宗删高祖，今上《實録》，上之。書法：書曰：房玄齡等上罪在下也。

通鑑同人

神宗皇帝之叙《通鑑》曰：『典刑之總會，册牘之淵林，蓋嘉其有關於風教也。』孝宗皇帝之讀《通鑑》曰：『法其所以興，戒其所以亡，蓋稱其有益於治道也。』十有九年，史筆始絶，其用心至勞也。洛與□孫，遺槁充棟，其爲書至繁也。官屬之辟召，始得劉道原，後得范淳夫，其編次甚詳也。衆論之訪咨，或得康節改曹魏之事，或得伊川定李唐之實，其訂定甚精也。張芸叟嘗云：『僅能一觀更休觀書；陳子齋亦以此書如藥山無一不在。』

嘗謂是書，當以扶植風教論，不當以小小節目論；當以關切治道論，不當以區區凡例論。首書晋大夫魏斯、趙籍、韓虔爲諸侯，所以明君臣之分。力辨四皓，爲惠帝，立黨制，其父所以明父子之義。魯仲連射書聊城，公則闕之文潛，亦謂仲連以布衣游諸侯不當以身任天下之重。曹操分香賣履以掩奸，公則譏之，元城謂歷數百年，無有知者，唯公獨能知其心。劉洎之死，《史》以爲出於遂良，公謂遂良乃忠臣，必無譖洎之語；竇參之諫，《史》以爲出於陸贄，公謂贄有救解之辭，而無報參之意。韓休必不譖李明甫，顔真卿必不至爲賊草奏，公之所論者，凜凜乎君臣父子之經、三綱五常之理、仁義忠信之道，豈非有關於風教乎？論曹參遵何約束，正以箴熙寧大臣變法之失；論賈山所言從諫拒諫，正以譏熙寧大臣同己之非。蘇秦縱横，本不足取也，存其事於書者，欲見當時辯説之覆邦家也。嗇夫辯給，亦不足道也，深辨而不釋口者，欲使小人知利口之無益也。公之所論者，拳拳乎變更持守之異、拒諫從諫之别、私説正論之不相入，豈非有益於治道乎？

世之議者，《離騷》之賦，日月争光，公削之而不録，以是爲去取之未當；不知公之貽書祖禹謂詩賦止爲文章，皆請直删，則公之所録者必有深淺。姓武之譖，不近人情，公存之而不去，以是爲編録之未精；不知公之貽書祖禹曰妖異有所警戒，即並存之，則公之所存者必有高見。又況一書浩繁，非盡出於公手。睢陽事用《張中丞傳》，淮西事用《平蔡録》。述魏徵得之諫録，述李絳得之論事。嗚呼！劉向五行略牽於陰陽之説，未免遷就不足，悟成帝之意。唐次辨謗，略究其撰次之意，祇爲身計，宜乎貽德宗之怒。其視公之所編，宜何如哉？

治鑒綱目

黄履翁論文公褒貶之意，尹起莘曰：『綱目，曲直之繩墨也，輕重之權衡也。』《治鑒目録》，司馬公晚筆也，而其書太簡不足以備歷代之顛末；《治鑒補遺》，胡文定續書也，而其事固備不足以示後來之監戒。然則成先生未成之志，發遺書未發之蘊，此文公綱目之作其有益於治鑒也不少。

夫歲年有久近，特書甲子以紀之，則歲周於上而天道明矣。國統有離合，特書正統以別之，則統正於下而人道正矣。有始終興廢灾祥沿革之正例者，有善可爲法、惡可爲戒之變例者，皆大書以提要，則大綱舉而監戒昭矣。有追原其始、遂言其終者，有詳陳其事、備載其言者，皆分注以備述，則衆目張而幾微著矣。温公嘗謂『吾作此書惟王勝之閲之終篇，自餘未終』，是其編次太詳也，今大綱舉而衆目張其得詳略之中乎。温公又謂『臣今所述，使觀之者自擇善惡以爲勸戒』，是其勸戒未著也，今監戒昭而幾微著其得褒貶之法乎。

戰國之時，秦楚韓魏之僭，王則別之，使天下知僭僞之不得其正，亦春秋誅吳楚之法。南北之際，宋齊梁陳之分治，則卑之，使天下知傳授之不得其統，亦春秋黜五霸之意。削曹魏之竊位，明昭烈之正統，非異温公也，所以示天下之大分；去則天之僞號存中興之紀年，非拂温公也，所以正天下之公論。揚雄本仕於漢也，而曰『莽大夫』，揚雄死，蓋雄之奸心佞舌曲筆美新名之曰莽者，正以誅諛臣之心。陶潜本没於宋也，而曰『晋處士』，陶潜卒，蓋潜之清風高節耻臣，後代名之曰晋者，正以表忠臣之節。《漢史》曰：『幸太學令不曰幸而曰視，尊師道也。』《唐史》曰：『尚公主令不曰尚而曰適，明人倫也。』書孟軻之去齊，傷吾道之不幸也；貶仁傑以繫周，惡臣道之不立也。元狩六年，特述殺大司農顔異者，嘆公卿自後取容矣。元鼎三年，大書令入財補郎者，嘆郎選自後益衰矣。大抵發潜德之幽光，誅奸諛於已死者，此書也。别正閏之異號，辨冠屨之殊分者，此書也。其書衛鞅之受禍，則取胡氏之論；其書秦豁地之和韓魏，則取蘇氏之説。其述趙會于澠池，楊龜山之議也；其述張良誤中秦車，則程子之辨也。

玉牒 林駉

書何記乎？記大事也，以紀帝系、以載曆數、以籍昭穆、以書政令、以記户口、以别封域。有大制誥、有大策命，凡關於事之大者，皆録之。嗚呼！亦重矣。故淫編金軸崇藻飾也，寶鑰縹囊謹緘護也。耆儒宿學假以歲月，重成書也；編摩告備寵以優爵，示有敬也。以學士典領者，咸平祥符，熙寧之制也；兼使以領者，元豐大觀之制也。提舉以宰臣，充修以侍從，見於紹興之初者如此。不置修書撿討，獨以少卿編修，見於紹興之事者如此。在乾道，則以參樞提舉；在今日，則以宰相兼，此則玉牒設官之本末也。

爲書一百一十卷者，李衢、林寶所撰也；用編年法者，咸平之制也。其以成書十年一進者，熙寧之制也；照用日曆，指定修書，則又見於熙寧者如此。以玉牒聖政，抄送史院，則見於元符者如此。其在舊制所書之條例，凡十有一；其在紹興所定之條例，凡七，此則玉牒爲書之沿革也。

唐始置圖譜官，其譜自武德者，柳芳之所撰也；其譜自永徽者，柳景之所續也。宋朝至道時，則梁周翰所編也；祥符時，則趙世長所請也。此則玉牒圖譜之分合也。

咸平始纂於秘閣，祥符建殿于新寺，既又修於編修院之西閣，所以便國史也。嘉祐則修于宗正寺，熙寧則於三班院，既而從編修院者，用祥符之舊也。元豐則以隸宗寺，既而併于宗寺者，紹興特建以纂修之所用，元豐之舊也。屬籍之樓見於咸平，慶籍之堂創于景德，是則置局藏籍之終始也。

噫！觀祖宗之所已興，知祖宗之所由治。謹方來之所未書，冀方來之所大治。必也，麟趾振振，螽羽蟄蟄，而後無愧於帝系、歷數、昭穆之譜。朝臣清昭，民物阜安，而後無愧於政令、封域、户口之記，衆正翔集，群邪晛消，而後無愧於册拜、制誥之書。

會要同人

淳熙廷臣之進會要也，其表曰：考正元會昌之作，至藝祖而後成，參慶曆熙寧之編逮慈皇而載續。是書始於貞元之蘇冕，繼於會昌之崔鉉。至建隆初，王溥取宣宗以後故事又從而推廣之，此唐會要之源流也。

自建隆至慶曆，凡百五十卷，則進於章得象。由慶曆至熙寧，凡三百卷則成於王珪。元豐而至政和，以續修會要爲名，則汪大猷删定之；建炎而至紹興，以中會要爲名，則陳騤編類之。此國朝會要之源流也。

列帝系於其先，編蕃夷於其後。禮樂輿服之目，秩秩乎不紊；學校職名之條，繩繩乎可考。總而類之，門而分之。唐與宋朝，同此書也，同此名也。然唐自德宗、武宣而後，治少亂多，大綱不舉，故其書雖備而無取。宋自藝祖列聖相傳之盛，豐功茂德照映今古，故其書相稱而無愧。

唐之帝系。顏真卿以爲皇帝則盡有大聖之號，皇后則盡有順聖之號。議禮之士，病其繁多不經。况今繼志以彰孝治，脩禮以奉慈極。寶册徽號，輝光日盛。唐之郊禋。張九齡至謂『郊禋常典，猶闕其儀，而有怠於事天之語』。况今嚴禋致祠以享神祇，討論盛典，光華史册。唐於食貨。裴守真以爲太府聚天下之財而國用有缺，司農理天下之財而倉庾不充，况今培植國本以寬民力。

然天下有公是非，則所書皆實事；天下有公毁譽，則所載皆定論。宣仁之善政，始不能以自明而終明於尊堯之集；陳瓘中作。金陵之私史，始未免於失實而終實於時政之記。紹興范冲。且熙寧十年以後之會要，其所議論本於時好，故不定於蔡攸之私筆，而定於正論興起之際。嘉定三年以前之會要，其所删集在於更化，故不定於未更化之前，而定於已更化之後。噫！是書之作，上以慰祖宗在天之靈，下以示子孫奕世之典，抑亦公道大明而後皆直筆也。

古史同人

裴駰之《集解》，所以釋遷史之疑；褚少孫之《續書》，所以補遷史之闕。小司馬之《索隱》，又所以救遷史之訛；潁濱先生作爲《古史》，隱然小司馬之用心。

昔人有言：杜征南、顔秘書乃丘明、孟堅之忠臣，小司馬、蘇潁濱乃太史公正救之忠臣。噫，旨哉！是言乎。遷紀首黄帝，而遺羲昊古史，於是有三皇五帝之説；遷紀高辛生，而神靈黄帝迎日推策古史，於是削其虚誕之言。琴牢、陳亢，此聖門之高弟，遷則略之，不有古史，孰能明其實乎？蘇秦從約之書，此僧客之浮語，遷則書之，不有古史，孰能規其正乎？荆軻刺客之靡耳，遷史方有不欺其志之美，使古史之論不明，則軻果爲信義者乎？西門豹循史之流耳，遷乃抑於滑稽之列，使無古史之説，則西門豹果徒滑稽者乎？《史記》謂獻子有陰德於趙，則韓晋同祖謂非周武之後乎？古史所以必卞也。遷史以莊子作《盜蹠篇》詆孔子之徒，故明其術不知莊子蓋助孔子，古史所以必明也。遷之述宰我也，曰『宰我常從田常』。噫，以宰我之智而爲僭逆之舉乎？蘇公卞之宜矣。遷之述子貢也，曰『子貢一出而變易五國』。噫，以子貢之達而有變詐之謀乎？蘇公訂之當矣。傳穰苴而不知考據之乖次，蘇則删之而不存；記虞卿而不知履歷之先後，蘇則考之而不舛。噫，遷之所以有誤者，非短也。潁濱之所以詳卞者，非苛也。

史遷當經籍已灰之日，野史雜出之後，故聞見寡陋，紀録疏略，則其有誤也，固宜。潁濱當學官已立之餘，諸儒訂正之久，故採摭無遺，稽考悉備，則其詳辨也，亦宜。潁濱嘗謂：『漢景武間，《書》《詩》《春秋》《左傳》皆不列於學官，世讀之者少，則古史之作所以惜遷也，非所以詆遷也。』又謂：『秦焚古書略盡幸，而野史一二存者，遷亦未暇詳，則古史之作所以憫遷也，非所以疑遷也。』愛漢史者，刊《漢史》之誤；愛唐史者，糾《唐史》之謬。

新舊唐史同人

《史記》一書，筆於司馬氏之父子，而不能逃蘇潁之議；西漢一史，著於班氏之兄弟，而不能逭華嶠之譏。且《唐史》有二，曰《舊史》，曰《新史》，其《舊史》有吴兢之私撰《唐書》，有柳芳之續成《唐曆》。《貞觀政要》出於吴兢所撰，《順宗實録》出於韓愈所筆。至後唐明宗，命史官劉昫修爲《唐史》，即所謂《舊史》也。至我朝慶曆，命宋祁、歐陽脩修之，越十有七年，書成，即所謂《新史》也。

《舊史》：李光弼父開元中封薊國公；《新史》以爲在武后時。《舊史》：敬宗第六子成美；《新史》以爲第五子。昭宗十子，《新史》以爲十七子。《舊史》：陸德明子，字子不；《新史》乃作：陸元明，字德明。《舊史》：徐有功無字；《新史》乃名洪政。

年月有差，如魏謩之相，《志》以爲十一年，《傳》以爲十五年。姓名有差，如麗景洪之將，《紀》以爲晏洪，《傳》以爲景洪。縣公之號可疑，則見於吴縝之糾繆；死因之數可疑，則見於温公之考異。且《紀志》出於歐陽公，《列傳》出於宋祈公。《天文》《律曆》《五行志》則劉義叟爲之，《方鎮》《百官表》則梅堯臣爲之。《禮儀》《兵志》初出於王景彝，業未畢而卒，則成此書者又非止二人耳？無怪乎，予奪無定論也。且帝紀編年則得於孫氏之南齊録，述姚崇十事則得於開元之遺史。贊太宗之牽於多愛，則出於等慈寺之碑；紀武宗之謂躬受道籙，則出於會昌之文。其贊房杜則本之柳芳，其贊五王則本之吕温。傳段秀實，則本子厚之文集，毋怪乎紀載無定説也。噫，讀《春秋》者當論褒貶之大義，不當論夏五郭公之疑；讀《唐史》者當論去就之大節，不當論疑似異同之迹。

以李義甫、許敬宗奸邪而與長孫無忌同傳，以柳宗元、劉禹錫阿附而與韓愈同傳，此《舊史》之失也；《新史》改之，所以先君子而後小人也。以劉蕡之鯁直而概之於文苑，以吴叔之忠義而概之於外戚，以陽城之卓異而列文苑，以孫思邈之高尚而列方技，此《舊史》之失也；《新史》易之，所以取大節而棄小目也。

起居注

林駉

自黄帝命沮誦、倉頡爲左右史，則五帝亦有史矣。《世本》。至穆王有左右戎夫，則三代亦有史矣。《尚書》。今之起居，其左右之遺制歟？

漢武之起居注修於禁中，東都之起居注修於宫臺，是漢之所注，女史爲之，而亦未有定。魏晋起居，或令著作，或命正字。至隋，起居以吏部散官及校書正字，是歷代之所注，他官領之而史官未定。貞觀始，置起居郎之員；顯慶始，置起居舍人之職。宋朝，起居郎隸門下，起居舍人隸中書。

元豐以來罷修注，郎舍人始專其事，起居之員至是始定。出聯豹尾，入侍螭頭，密邇清光，咫尺天顔，何其榮也。片言可録，濡毫直書。一動少差，汗青有愧，何其重也。自人主欲觀史也，有所諱忌而不敢書；自奏事不直前也，有所退遜而不得言；自前殿不立也，有所疏遠而不及注。

且自唐貞觀，欲觀注録，至鄭有融朗以史進呈，於是人主有觀史之私。宋朝起居進御沿舊制也，然偶有所失，天子恐史官書之。若是，亦不害其爲觀史。太祖。厥後歐陽乞不進本之請，猶欲憂明主。唐初諫官兼起居注，自長慶後，記居之職惟編詔書，不及他事。宋朝左右奏事，必禀中書，沿舊制也。然亦不移牒閤門奏事後殿，若是，亦未嘗不許直奏。厥後王存直奏之請，猶欲不兼諫職。唐初君御正殿二史分侍，自武宗時隨仗而退，不復簪筆。宋初御正殿則不侍，遇朝會則對立，然御崇政長春之時，中書記宣諭，樞宥記機密。厥後鄭居中並立之請，是爲美意。

左右史

左螭，右螭。立螭載筆，螭頭柱下。

周官有左右史，蓋今起居之本。左史記言，右史記事。漢武帝有禁中起居注，後漢馬皇后撰明帝起居注，則在宫中爲女史之任。其後起居，皆近侍之臣。

歷代有其職，而無其官。後魏置『起居令史』，後又別置『修起居注』，唐起居郎二人，郎居左，舍人居右。貞觀中，給事中諫議大夫兼知起居注，或知起居事。每議政，起居郎一人執筆記於前，或置舍人，分侍左右。李義府畏人之知，舍人不復聞事。太和中執筆，立螭頭下復貞觀故事。宋朝沿唐制，郎立門下，舍人隸中書，號小兩省官，典職者號修起居注。二人朝會對立香案前，常日則直崇政延和殿。熙寧詔諫議兼修注，元豐罷修注郎，舍人始顓其職。凡朝廷命令赦宥禮樂法度、損益因革、賞罰勸懲、群臣進對、文武除授、祭祀燕享、臨幸引見、四時氣候、四方符瑞、户口增減、州縣廢置，皆書以授，著作官。隆興胡銓奏起居之失有四：一、人主不當觀史；二、立非其地；三、前殿不立；四、奏不直前。

柱史，水官。《晋天文志》：東一星曰柱史，主記過。《傳》謂螭頭有水，官號爲清美。左侍極，侍從班。《左史》。記事之官，一時清選。蕭俯制。天瑞有五色雲，人瑞有鄭仁表。門第、人物、文章具美。左右史當用第一流。唐人言。唐褚遂良博涉文史，唐、蔡二子賦東都龍興觀《偃松篇》，玄宗賜和御書，刻石記之。

載筆褚遂良。和墨。《唐志》。今之起居，古之左右史也。執筆，操筆。螭頭，赤墀。置札玉階，立右螭下。韋絢，《唐杜牧誥》。夾香案，賫紙筆。唐。

馮定之請，姚璹之請。唐馮定請隨宰相，入，延英記事。姚璹請撰時政記。

正倫起居，鄭朗執筆。唐杜正倫曰：『君舉必書，臣職當修起居注，不敢不盡愚直，願陛下慎之。』太宗大悦。唐文宗鄭朗執筆螭下，上曰：『適所議録，卿記録未，吾試觀之。』朗曰：『不可取觀。』帝曰：『庶幾稍改，何妨一見？』朗遂進之。

執簡記録，職在司言。貞觀中，玄宗親制《春臺望》一章，舍人葵乎奏：『職在司言。』請示百僚。

記録帝言魏，廣記備言《左傳序》。繫月繫時，記言記事。禮。君舉必書。《春秋傳》。動則左史書之，言則右史書之。《禮》。珥筆記言，才光東觀。唐。有事泰山諫，罷封禪。褚遂良。論事忠切，有貞觀之風。魏謨。

最爲欽矚，尤稱奉職，周澤最爲天子欽矚。文宗。張次宗，尤稱奉職。文宗。

不許觀史，不聞觀史。魏謩，不許人主觀史。文宗。鄭朗曰：『不聞觀史。』見上。宋退辭螭陛，楊億。筆載螭坳。禮寮制。左右置史，職聯兩省。禮寮制。執筆殿陛，予言予記。范祖禹制。左右史官，號爲要地。欒城制。手刊册書，足以明枉直之效；密侍殿陛，足以觀進退之詳。依講讀官奏事，與左右史並列。紹興詔。延英講讀，動關政體。乞令修注官，侍閣中。至和中，賈黯。非爲分章析句，正欲從容訪問。周必大祖宗置經筵云云。

不言和字，無忘此心。胡詮願絶口不言和字。東坡因論：『陛下在宮中，不踐蟲蟻。謹書其事於册，望陛下無忘此心以廣好生之德。』

司馬康之入侍邇英，梁周翰之別爲起居。講《洪範》至『乂用三德』，上曰：『只此三德，爲吏（更）有德？』王岩叟爲舍人，退而上書曰：『陛下既能審而問之，必能體而行之。三德者，人主之大本，得之則治，失之則亂。臣備職史官，敬已書之于册。』梁周翰別爲起居，每月先進御後降付史官，起居進御先此。太宗。

此老儒也，佪翔久矣。彭乘仁宗曰：『此老儒也，雅有恬退名，無以易之。』坡公蔡持正曰：『公佪翔久矣，無出公右者。』書笏珥彤，記事於仙堂。《王元長序》。崔遵度修起居注十餘載，退匿楹間，慮爲上所見，恬於勢利如此。杜《贈起居田舍人》：『獻納司存雨露过，地分清切任才賢。舍人退食收封事，宮女開函近御筵。曉漏追趨清瑣闥，晴窗點撿白雲篇。帝翰。揚雄更有河東賦，惟待吹噓送上天。』姚合《寄裴起居》：『千宮曉立炉烟裏，立近丹墀是起居。彩筆專書皇帝語，書成幾卷太平書。』《寄丘起居》：『官清立在金炉北，仗下歸眠玉殿西。』許渾《寄李右史》：『纔歸龍尾含鷄舌，更立鰲頭運兔毫。閶闔欲開金漏盡，冕旒初坐御香高。』鄭谷《寄張起居》：『含香復記言，清秩稱當年。點筆非常筆，朝天最近天。』《韋起居》：『端簡炉烟裏，濡毫御案过。』上元微之《誇白樂天》：『我是玉皇香案吏，謫居猶得在蓬萊。』後山《寄張文潛》：『名高三俊上，官立右螭傍。』

席前渙渥，柱下升班。楓宸渙號，柱史升華。出紼中宸，記言右掖。占柱下之一星，珠躔有耀；冠螭頭之二史，金記生風。承明之有直廬，方步八磚之日。紫宸之夾香案，更依五朵之雲。司存雨露久攝侍於清光，渥照乾坤果進操於直筆。當用第一流，綴班小兩省。日侍拱赤墀之立，地清嚴青瑣之移。南司五院方嚴執法於殿中，東極一星復擅典書於柱下。爰參黄閣之班，進珥赤墀之筆。曰識、曰才之兼善，書言、書動之迭居。濡珥彤之筆書九重之言動，綉汗青之簡垂四方之輝光。聖朝舉無訣事，可少緩於箴規；人主蔑有戲言，正欲明於記注。事而必記，固遠法於春秋；奏以直前，要近承於雨露。若舉必書，風采深增于柱下；朕志先定，姓名已覆于甌中。螭頭坳處久稱解事之舍人，龍尾道中遂冠讀書之倚相。親見揚子雲既□覲于論撰，有若南宫适宜即任于贊襄。

國史院

史官，自黄帝有之。夏商太史，周太史、小史、内史、外史。秦太史令，漢武始置，以司馬談爲之，子遷嗣。宣帝以其官爲令，於是太史唯知占候而已。王莽改置柱下五史。後漢至隋，唯魏明太和中，史職隸中書，其餘隸秘書。唐武德因隋制，屬秘書省著作局。貞觀移於門下省，宰相監修，太宗别置於禁中，所以重其職，秘其事。宋朝監修一人以宰相爲之，修撰以朝官充，直館撿討以京官充。國史别置院於宣徽北院之東，謂之編修院。宰相監修，但提大綱。撿討官搜閲、校對，惟修撰實專史職。

太史，柱下史。青史漢志；百國春秋墨子。叙事簡要，辭約事詳。吴兢居館職；荀悦

《漢記》。

陛稱良筆，稱爲直筆。蔣偕義三世修國史，陛稱良筆。吴兢修國史，稱爲直筆。

撰《三國志》，有良史才。晋陳壽除著作郎，撰《三國志》凡六十五篇，時人称其『善叙事，有良史才』。

劉向父子，知幾父子。劉向父子，世典史籍。華嶠表。劉知幾父子三人，更莅史館。

欲就父業，世爲史官。班固，彪子，欲就父業，潜精研思。史馬遷世爲史官，通於古今。

史職二十年，抱史藏南山。韋述居史職二十年，禄山亂抱國史藏於南山。

擢自先帝，列職史筵。黄庭堅制。文詞雅正，儒雅之士。吴育著作郎，楊徽之治許州，太宗曰：『徽之儒雅之士。』宜置之館殿，遂判集賢院。

獻端拱箴，定題以試。端拱初，太宗聞其名，召直史館，獻端拱箴。王禹偁。召至京師，太宗自定題以試之，禹偁右拾遺綱處約著作郎。

召試優等，召試三等。趙概擬校勘，蘇軾直史館。

檢閲文字，史館編修。司馬光《資治通鑒》，爲檢閲文字。以近臣薦，充史館編修。一代之典，焕然可觀。温嶠表。古之國史，皆出一家。如魯漢之丘明、子長，齊之董狐良史。遷文直而事核，固文贍而事詳。劉知幾。二班懷文，裁成帝墳。贊。明乎國史，觀乎人文。所以弘闡大猶，所以化成天下。鈎深學海，囊括詞林。俾垂作範之規，用成不刊之典。唐蕭崇制。

王道之端，人事之紀，懲勸教化在於春秋，錯綜裁成必歸良直。齊抗修國史制。修明簡策，惟爾之休。仝。裁成義例之條，垂褒貶於國書。牛僧孺制。紬史策之徽烈，總史官之微婉。蕭鄴制。稽合異同，裁成褒貶。蕭崇制。官當喉舌，職重陽秋。王鐸制。掌東觀陽秋之重，總簡書刊集之司。蕭遘，孫偓。職居刊削，事繫編修。《通典》。刻於玉版，藏於金匱。晁錯策。採四方之志，成一家之言。吴兢。善惡必書，言成軌範。劉元濟言。春秋之義，信以傳信，疑以傳疑。不虛美，不隱惡。房玄齡。貫穿經傳，馳騁古今。馬遷。魯史以來，文憲之實足徵。得失一朝，榮辱千載。《類要》。網羅天下，放失舊聞。《史記》。今之起居，古之左右史也。未聞天子自觀史也。褚遂良。史才有三長，六典有五志。劉知幾，荀悦。史閣行人在，青史字不泯。杜。波濤良史筆。

史院 林駉

有編史之名，有編史之官，有編史之所，此三者不可不論也。且三代國史之名，其來尚矣。至漢有高祖傳《孝文傳》《漢著記》，草卷。有《楚漢春秋》，陸賈。宗室女史，漢武。宗室屬日曆著於韋執誼，貞元。實録著於長孫無忌。吴兢。迨唐玉牒著於李衢，開成。會要著於蘇冕。德宗。而又國史有書，政要有書，時政有記。姚壽。宋朝以來，因唐玉牒、會要、日曆、實録之外，駁定是非列爲志傳者，國史也；搜求事迹不入正史者，别爲一書也。天聖五年，王曾。纂集盛美有聖政焉，編摩典章有寶訓焉。曰政要，富弼。曰帝學，范祖禹。曰太平故事，史言。曰中興要略。高宗。

三代太史之官，其傳遠矣。至漢有太史公，以掌筆削，司馬談。有中丞以收圖書，有宗正以掌屬籍。迨唐，以宰相而監國史則爲監修官，太宗。以史館而撰國史則爲修撰官。唐初。宋朝以來，因唐監修、修撰之外，乾興，命宰相馮拯提舉。淳化，以董元亨爲史館撿討。成周志書，皆藏外府。至漢有殿中蘭臺之藏，金匱石室之貯，名山大川之所。迨唐著作有局所以編史也，四庫有書所以藏史也。宋朝以來，因唐著作局之外，新寺建殿，三班設局，宗正置司，此則爲玉牒之所。門下置院，宣徽有藏秘書立局，此則爲日曆之所。其餘國史等書，或編於史院，或修於史館。

司馬遷紬石室之書，紀數千年之事，此漢之正史也。然項羽奸猾之雄，帝紀反列之；惠帝正統之傳，帝紀反削之。遷之所紀，是耶？非耶？班孟堅觀東觀之書，述二百年之事，亦漢之正史也。然劉歆諛莽之耻闕而不書，董霸潁川之改去而不傳。固之所傳，公耶？

私耶？

唐太宗欲觀史，而史不得行其直；房玄齡監修國史，而史不得行其直。許敬宗曲筆變亂名實，張説所改竄易是非，獨韓昌黎一代儒宗，道醇氣勁。所作《順宗實録》，粗伸其意，而紛紛之議至後世猶不已。自建隆元年至開寶八年，史臣逼於權勢，多所回避實録所載，頗有脱略。至命李沆等修之，爲卷五十，太祖之實録始詳。自慶曆四年至熙寧三年，至史臣亟欲成書，會要所載尚有遺事。至命王珪等修之，爲卷三百，仁宗之會要始備。甚者，君臣獻替，不著話言，况餘論乎？親决萬幾，不聞策府，况他務乎？元昊称臣，皆不書之，况諸事乎？《神宗實録》，蔡卞尊私史而壓宗廟，薄神考而厚安石。陳瓘尊堯之集出，而誣謗之迹彰。哲宗國史，蔡京以私憤而摇公道，謗宣仁而貶司馬。范冲辨誣之書成，而誣謗之罪著。今鴻藻麗筆刊正蘭臺，瑶編金軸緘藏秘閣。

提舉國史

監修國史者，提日曆也。提舉國史者，指正史也。

宋乾興馮拯提舉監修，天聖王曾提舉監修。隆興湯思退父名舉，故改提領。

東觀屬詞，更資通博。宜輟鳳凰之省，俾緝麒麟之署。

監修國史

北齊詔魏收撰史，詔高隆之總監之。唐太宗以宰相監修國史。宋開寶，薛居正以參知政事監修，廢于元豐，復于紹興。

相臣總統，秘監總知。唐詔宰命，相臣總統。秘書監魏徵，總知其務。掌邦國之事，明勸懲之道，爰自重臣，或應兼領。宋璟制。總統史任，監總史氏。

許敬宗作《唐史》百卷，總統史任。李固制監總史氏。古之王者，代有史官，以日繫月，屬詞比事。綜核班史，發揮蒼籀。唐詔。主張懲勸，總領典墳。鄭朗制。兼刊綜之榮，踐黄樞之峻級，總青簡之刊修。

國史修撰

唐初令狐德棻請修近代史，遂命修撰，名始於此。唐史館修撰四人，掌修國史。宋朝從唐制。

秉筆，執筆。唐臣奏：『臣得秉筆，以記注爲職。』韓：『臣適執筆，隸太史。』

彤管，金匱。載筆用彤管。范杲知壽州，上言：『家世史官，願得秉直筆，成國朝大典。』以爲修撰。

執簡爲官，執簡以往。韓愈除制，可使執簡爲史官。記事書法，必無所尚。左南史氏聞太史盡死，執簡以往。

馬融三入東觀，漢代稱榮；張華再典史官，晋朝推美。吴兢論撰，蔣乂綜核。吴兢才堪論撰，詔直史館。蔣乂，外祖吴兢，綜核群籍，有史才。董狐何加，班馬有風。唐朱敬則，韋安石曰：『董狐何以加？』韓愈制，立詞措意，有班馬之風。博采衆記，獨秉史筆。丘明之傳，博采衆記。宋祁獨秉史筆。竄定闕文，裁成義類。獨孤朗制。史館修撰，史臣修撰。長慶敕路隨、韋處厚、元宜史館修撰。史臣修撰，書朝廷得失之事。《唐史》。宜擇堪任，宜屬英髦。非惟編緝疏舛，亦恐漏泄史事。宜於史官内簡擇堪任修史人，録名進内。《唐詔》。筆削宜屬英髦。晋詔天福。吾文傑思，體正思明。范曄。不過三員並命四人。故事不過三員或兩員。太和四人並命時論爲非。三世良筆，蔣氏日曆。蔣乂子仲偕。無能，謬得秉筆史館，以記録爲職。李翺奏。勸善懲惡，正言直筆。修實録，上長編。楊億修實録五十六卷。太宗。李燾上長編九百八十卷。博覽强記，於史尤洽。呂夏卿博覽强記，於歷代史尤諳洽。
神宗實録，哲宗實録。綦宗禮奏神，宗實録。元祐史館，不無過實。乞將朱墨，參照修定。哲宗實録，蔡京編修，增飾語言。乞於舊臣之家，訪當時文字、事迹參照。太祖實録，真宗實録。太宗語宰相：太祖朝實録，多有漏略。可集史館，增加修撰。天聖中，擢李淑、命程琳修真宗實録。無以易藻，獨付一人。汪藻言：元符以來，並無日曆，此國之重事，願留聖心。宰執請擇所付，上曰：無以易藻矣。『曾鞏以史學見稱士類，宜典五朝史事遂爲修撰。』近業有五朝大典，獨付一人。

綦宗禮之委任，楊徽之之得宜。綦宗禮筆削之，任首獨委公。楊徽之置之館殿，正得其宜。務着實，去愛憎，史才甚難，務着實而去愛憎。在乎善惡，必書斯爲良史。父子繼掌，父子同典。宋敏求繼世掌史。李燾扆同典國史。劉禹錫送陳郎中：『當時載筆窺金匱，暇日登樓到石渠。』王元之：丁謂、孫何，而今便合教修史，二子之才似六經。

國史撿討官

宋朝淳化，郭延澤、董元亨爲史官撿討。紹興，撿討官無定員，近制撿討官六人。

就加討論，可助正史。李燾乞刊定徽宗實録之疏舛者，詔爲撿討官。若就加討論，可助正史。

實録院

宋治平，以宰臣韓琦提舉，修仁宗實録。修實録置『實録院』，修國史置『國史院』。國史實録，聖朝大典。唐于休烈。撰定武后實録，世謂今之董狐。吴兢。

玉牒所

官無定員掌修皇帝玉牒，唐本宗正之職。開成後，置修玉牒官。宋朝祥符，建玉牒殿于新寺。嚴奉寶藏，用金花紅，網褾黄金軸。神宗朝，以軸大，難於披閱，詔爲黄金梵夾，又以黄匣爲鎖鑰，皆金也。景祐，以編修院矸西閣子，充修撰玉牒之所。元豐，分隸宗正寺。元符，宗正寺丞陳覺民，乞將先帝玉牒内聖政，令本寺修玉牒官抄寫，封送國史院往之。紹興，並入宗正事。《選》：輝華名於玉牒。

李衢之奏，安仁之請。開成，修玉牒官李衢奏：伏乞於玉牒官上，特創嘉名，以光帝籍。敕旨，宜以皇唐玉牒爲名。趙安仁重修玉牒，請依唐故事修玉牒官。奏劉筠，宋綬爲之。《真宗録》。

日曆所

唐貞元初，韋執誼奏：『修撰私家記録，望令各撰日曆，月從館中詳定。』從之。此日曆所從記也。

本朝舊以宰相掌修日曆。舊於秘書省置編修院。元豐，屬秘書省。元祐，隸門下省。紹聖，還秘書省，除著作官，管修撰日曆之事。

會要所

唐貞元，蘇冕始爲《唐會要》四十卷。武宗時，崔鉉續四十卷。宋朝建隆，王傅取宣宗以來並崔蘇所録，共一百卷。乾道，詔尚書左僕射陳俊卿兼提舉，編修《國朝會要》。汪大要等言蔡攸所修吉禮，妄有删改，以迎時好，乞令本省再加删定。

敕令所

宋朝詳定官，以侍中之通法令者充。政和，左僕射何執中提舉，重修敕令上章，力辭，不而提舉以兼領爲名。

牙章竹簡之中，因於法吏，劇秦美新，謂刑法曰『金科玉條』。

編修官

宋朝太平興國，以楊文舉爲史館編修。乾興，李淮修宋綬言，修撰官只二人，望館閣官二員充編修官。詔集賢校理王居正、館閣校勘李淑，同共編修。乾道四年，添置二員。五年，添二員。

更加清職，遂兼編修。范成大除禮部員外郎兼崇政殿説書，更加清職，遂兼編修。

寧可負鄉人，不可負天下。袁樞爲編修官，章子厚家以爲同里人，求釋其事，公曰：

『寧可負鄉人，不可負天下後世公議。』趙公雄嘆曰：『無愧古之良史。』

王貌閑如鶴，黄吟苦似猿。『王安簡神情冲澹，唐卿刻意篇什。』天聖中，編修官謝陽、李邯鄲戲句云云。

劉恕史學，范祖禹唐史。劉恕史學，司馬光修《通鑒》，奏請同編修。范祖禹，司馬光修歷代君臣事迹，辟公同編修，王荆公當國，未嘗往請。范祖禹分職唐史，撮其機要，名曰《唐鑒》。元祐，上表進。

夏卿唐書，李燾卷帙。范夏卿修唐書，於歷代史尤該洽，於新書用力居多。李燾卷帙漸成，蜀帥汪應辰乞下臨安府，繕寫藏閣，公進國初至治平一百八卷。

敕令所删定官

宋朝删定無常員，大觀詔六曹删定官併入詳定一司、敕令所一局。紹興，置三員後省。乾道，復置敕令所。

珠玉不爲寶，人物以爲寶。删定官鄭剛中願下厲精之詔，上曰：『珠玉不爲寶，人物爲寶。』充編修官。

持法丘厚，三公賜服。錢象先持法丘厚。仁宗以其母老，欲一慰之，獨賜公三公服。書成列殿，入對三事。汪大猶書成，孝宗取進本，列於選德殿之左右，朝夕觀覽。金安節入對上三事，曰人才當長養，旬日爲司農丞。

博學好古，多識奇字。李公麟用陸佃薦，爲删定官。公麟博學好古，多識奇字。被渥帝宸，躋榮史局。劉知幾之作史，謂有三長，范蔚宗之精思，空無一字。懲勸所關，必重臣之兼領；美惡不隱，宜賢主之必觀。文思雅正，書法森嚴。

畫繢

畫有六法：一曰氣韵生動，二曰骨力用筆，三曰應物象形，四曰隨類賦彩，五曰經營置經，六曰傳移摸寫。《畫品》東方謂之青，南方謂之赤，西方謂之白，北方謂之黑。天謂之玄，地謂之黄。青與白相次也，赤與黑相次也，玄與黄相次也。青與赤謂之文，赤與白謂之章，白與黑謂之黼，黑與青謂之黻。五采備謂之綉。土以黄，其象方天時變。火以圜，山以章，水以龍，鳥獸蛇。

《周禮》：畫繢之事，雜五色。雜四時五色之位以章之，謂巧。凡畫繢之事，後素功。《論語》：『繪事後素。』杜詩：『鄭公粉繪隨長夜，曹霸州青已白頭。天下何曾有山水，人間不解重驊騮。』『喜近天皇寺，先披古畫圖。』愷之。

在荆州寺，有張僧孺畫《孔子十哲像》。『森網移地軸，妙絶動宫墻。五星〔一〕聯龍衮，千官列雁行。』『何年顧虎頭，滿壁畫滄洲。赤日石林氣，青天江海流。』『憶昔咸陽都市令，山水之都張賣時。巫峽曾經寶屏見，楚宫猶帶碧峰疑。凌烟功臣少顔色，將軍下筆開生面。曹霸。良相頭上進賢冠，孟將腰間大羽箭。褒公鄂公毛髮動，英姿颯爽來酣戰。』畫列地圖雄，蟲篆丹青廣。善詩畫。『盲畫曾飢渴，追蹤恨淼茫。追思蹤迹。虎頭金粟影，神妙報難忘。』

誤墨畫蠅，發厨取畫。曹不興，吴主使畫屏風，墨落點素，因以作蠅。權以爲生蠅，舉手彈之。顧長康曾以一厨畫糊題寄桓玄，發厨取之，畫並不存，直云妙畫，通靈變化而去。《世説》。

觀畫施錢，點睛飛龍。興寧中，瓦棺寺長康王樂貧時，以爲大言僧。寺成，請勾疏，長康曰宜備一壁，閉户往來一百餘日。畫維摩一軀，工畢，欲點眸子，謂寺僧曰：『第一日開見者，責施一萬，第二日開，可五萬，第三日，可任例責施。』及開户，光明照寺，施者填閲，俄

〔一〕今按：『星』，《居易録》《九家集注杜詩》中皆作『聖』。

而百萬錢。張僧繇，金陵安樂寺畫四龍，不點睛，每云：『點之即飛去。』人以爲誕，因點一，其一龍乘雲上天。三龍不點眼者，見在。《水衡記》。

油污其畫，誤墨畫牛。桓玄好蓄名畫，客至，出視。客食寒具，油污其畫，後不設寒具。寒具，鐶餅也。王獻之嘗書扇，墨誤落，畫作馬牸駮牛。

閻立畫師，鄭虔三絶。太宗與侍臣泛舟春苑池，見異鳥容與波，詔坐者賦詩，召閻立本侔狀。閤外傳呼畫師立本，時爲主爵郎中，羞悵流汗。歸戒其子曰：『吾少讀書，文不減儕輩，今獨以畫見名，與厮役等，若曹慎毋習。』《本傳》。鄭虔善圖山水，嘗自寫其詩，并畫以獻帝大署，其尾曰：鄭虔三絶。

魚肉不集，晝夜噏卧。吴道玄，字道子。畫地獄，都人來觀，懼罪修福，兩市屠沽魚肉不集。太宗朝李王獻畫羊，晝則噏草欄外，夜則歸卧欄中，莫曉其理。僧贊寧曰：此幻藥所畫。《海外記》。

王墨山水，黄筌畫花。王墨善潑墨，號王墨。善畫，酒酣之後，以墨潑絹，脚踏手抪，隨其形象，不見墨污之處，爲山、爲水、爲石、爲樹，倏忽造化。《畫斷》。黄筌父子畫花，妙在賦色，用筆極細，殆不見墨迹，但以輕色染成，謂之寫生。江南徐熙以筆畫之，殊草草，略施丹粉，而神氣回出，别有生意。熙之子乃效諸黄格，不用黑筆，直以彩色，謂之没骨圖。

崔白翎毛，惠崇小景。崔白，濠梁人，尤精花竹、翎毛。僧惠崇，建陽人，尤工小景，善爲寒汀烟渚、瀟洒虛曠之狀。《荆公詩注》。

襲父兄業，聞殿壁聲。毛稜，惠遠子，便達有餘，真巧未足，若比其兄，牀上疊牀，方之厥兄，屋下架屋。《續畫品》。明皇謂李惠訓曰：卿所畫殿壁，夜聞水聲。

寰瀛圖，輞川圖。陳季卿舉進士長安，十年不歸，青龍寺值終南山翁火閤，壁間有寰瀛圖，季卿尋江南路，嘆曰：『安得自此歸？』翁笑曰：『此不難。』命折竹葉作舟，置圖上。覺波浪起，葉漸巨，洸然若登舟。旬餘，至家。一更，復登舟再游。青龍寺見此翁擁葛而坐，季卿曰：『非夢乎？』後妻子自江南來，曰某日歸於西齊，始知非夢，題詩《異聞録》。王維，字摩詰，別墅在輞川。秦太虛云予引病，高符仲携《輞川圖》，示余曰：『閱此可以愈疾。』予喜甚，數日疾愈。東坡云：『味王維之詩，詩中有畫；觀王維之畫，畫中有詩。』

衮塵圖，雲漢圖。寧王善畫馬，花蕚樓壁上畫《六馬衮塵圖》，明皇最愛玉面花驄。後失之，止存五馬。《異人録》。劉裒，漢靈帝時作《雲漢圖》，人見之，自然覺熱；更畫《北風圖》，熱者復覺凉。

不往觀畫，鬼神易畫。張茂嘗招講官，啜茶觀畫，程伊川曰：『吾平生不啜茶，亦不識畫。』竟不往。韓子曰：『客爲齊王畫者，問之畫孰最難，對曰：「狗馬最難。」「孰最易？」

曰：「鬼魅最易。狗馬，人所知也，不可類之，故難。鬼魅無形，不可睹，故易。」

牛雁之法，墨竹之始。有藏戴松『鬥牛』者，牧童曰：『鬥牛力在前，尾入兩股間；今畫鬥而尾掉，何也？』黄筌畫飛雁，頭足皆展，人曰：『飛鳥縮頭則展足，縮足則展頭，無兩展者。』《仇池筆記》。墨竹起於近代，不知其所師承。初，吴道子作畫連，筆作卷，不加丹青，予意墨竹之始起於此。山谷《墨草序》。

張素敗墻，長康傳神。度支員外郎宋迪工畫，其得意者有『瀟湘八景』。陳用之善畫，迪見其畫山水，謂用之曰：『汝畫信工，但少天趣。』且謂用之曰：『當求一墻，張絹素訖，倚之敗墻之上，朝夕觀之。既久，隔素見敗墻之上，高平曲折，皆成山水之象。心存目想，高者爲山，下者爲水，坎者爲谷，缺者爲澗，顯者爲近，晦者爲遠。神領意造，恍然見其有人禽草木飛動往來之象，了然在目。則隨意命筆，默以神會，自然景皆天就，不類人爲，是謂活筆。』《筆談》。顧愷之，字長康，尤善丹青，圖寫特妙。每畫人成，數年不點目睛，曰：『四體妍蚩，本無闕欠於妙處，傳神寫照，正在阿堵中。』每重嵇康四言詩，因爲之圖，常云：『手揮五弦易，目送歸雁難。』嘗圖裴楷象，頰上加三毛，觀者覺神明殊勝。又爲謝鯤象，在石岩裏云，此在宜置丘壑中。欲圖殷仲堪，有目疾，固辭。愷之曰：『明府正爲眼耳，若明點瞳子，飛白拂上，使如輕雲之蔽月，豈不美乎？』

趙侍郎真，朱桃椎像。周昉窮，丹青之妙。郭令公子婿趙縱侍郎嘗令韓幹寫真，又請昉寫。趙國夫人歸省，令公問：『何者最似？』答曰：『前畫空得趙郎形貌，後者兼得神氣情性。』成都畫師姓許，善傳神。一日有人敝衣憔悴求傳神，許笑之。其人解衣裳，出黄道服、鹿皮冠、白簪，頂冠易衣危坐，以手摩面，則童顔矣。引其鬚，應手而黑，乃一美丈夫也。許驚曰：『不知神仙來降。』道人曰：『君傳吾神，置肆中，有求售止取千錢。』後有識者，云：『此唐神仙，傳朱桃椎也。』求者輻輳，許貧畫直每像輒取二千。夢道人，曰：『汝福有限，安得過？』掌其右頰。既寤，頭遂偏。

誤認畫像，戲責畫工。世人畫韓退之，小面美髯，乃江南韓熙載耳。熙載謚文靖，亦謂韓文公，謬爲退之畫像，肥而寡髯。《筆談》。党太尉進，畫真，大怒，詰畫師云：『我前時見畫大蟲，猶用金薄點眼，我豈不消得一對金眼睛？』

甘泉畫母，狂卒畫妾。金日磾母教誨二子，甚有法度，上聞而嘉之。病死，詔圖像於甘泉宫，曰：『休屠王閼氏。』日磾見畫嘗拜，向之涕泣。齊起九重之臺，國有能畫者，則賜之錢。狂卒敬君居常飢寒，其妻端正。敬君工畫，去家日久，念其婦，遂畫其像，向之喜笑。

寫龍形，金粟影。葉公好龍，居室皆雕畫以寫龍形。於是天龍聞之而下，葉公驚走，乃知所好非真龍。老杜詩：『虎頭金粟影，神妙獨難忘。』佛經有金粟如來，謂顧愷之所畫維摩也。

李白畫真，樂天寫真。李太白『風神超邁，英爽可知。後世詞人狀者，多矣。亦間見於丹青，俱不若少陵所作。落月滿屋梁，猶疑照顔色』之句，熟味之，百世之下，想見風采。此詩與李太白傳神也。陳後山《和饒節咏周昉畫李太白真》云：醉色盡土色起，分明尚帶金井水。烏紗白苧真天人，不用更着山岩裏。白樂天爲翰林學士，奉詔寫真集賢院。後爲九老會，又寫真香山寺，故賦詩云：『昔作少學士，圖形入集賢。今爲老居士，寫貌寄香山。』『和州回道士，來到岳陽城。別我游何處，秋風一劍横。』滕宗諒守巴陵，有和州回道士上謁，風骨聳秀。滕知其異人，口占詩贈之云云。論寫真，胡邦衡：畫莫難於寫真，非寫形似之難，寫心之精微爲難也。蓋君子小人，貌或類，而心不同。

堯秀眉，舜重瞳。魯僖、馬卿亦秀眉，項羽、朱羽敬亦重瞳。漢祖龍顔，嵇康亦龍。顔世祖日角，唐祖亦日角。文皇鳳姿，李相亦鳳姿。然則魯僖可以比唐堯虞舜，而嵇、李可以擬漢祖、唐宗乎？世俗所謂骨相之至惡者，宜莫如虎狼、蒙魌、鳶肩之相也。然尼父面如蒙魌，陽虎亦如蒙魌；竇將軍鳶肩，馬賓王亦鳶肩。楊食我熊虎之狀，班定遠亦虎頭。司懿狼顧，而周嵩狼抗。然則虎可以比尼父，而憲之不臣可以比賓王之忠。食我之惡，可以擬定遠之勛乎？